O grande enigma

Léon Denis

O grande enigma

FEB

Copyright © 1919 *by*
FEDERAÇÃO ESPÍRITA BRASILEIRA – FEB

16ª edição – 5ª impressão – 1 mil exemplares – 9/2024

ISBN 978-85-7328-958-9

Título do original francês:
La grande énigme

Todos os direitos reservados. Nenhuma parte desta publicação pode ser reproduzida, armazenada ou transmitida, total ou parcialmente, por quaisquer métodos ou processos, sem autorização do detentor do *copyright*.

FEDERAÇÃO ESPÍRITA BRASILEIRA – FEB
SGAN 603 – Conjunto F – Avenida L2 Norte
70830-106 – Brasília (DF) – Brasil
www.febeditora.com.br
editorial@febnet.org.br
+55 61 2101 6161

Pedidos de livros à FEB
Comercial
Tel.: (61) 2101 6161 – comercial@febnet.org.br

Adquirindo esta obra, você está colaborando com as ações de assistência e promoção social da FEB e com o Movimento Espírita na divulgação do Evangelho de Jesus à luz do Espiritismo.

Dados Internacionais de Catalogação na Publicação (CIP)
(Federação Espírita Brasileira – Biblioteca de Obras Raras)

D395g	Dénis, Léon, 1846–1927
	O grande enigma / Léon Denis. – 16. ed. – 5. imp. – Brasília: FEB, 2024.
	184 p.; 23 cm – (Coleção Léon Denis)
	Tradução de: *La grande énigme*
	Inclui índice geral
	ISBN 978-85-7328-958-9
	1. Espiritismo. 2. Universo – Interpretações espíritas. 3. Natureza – Interpretações espíritas. 4. Vida – Interpretações espíritas. I. Federação Espírita Brasileira. II. Título. III. Coleção.
	CDD 133.9
	CDU 133.7
	CDE 10.00.00

Sumário

Ao leitor 7

Primeira Parte
Deus e o Universo

I   O grande enigma 13

II   Unidade substancial do Universo 23

III   Solidariedade: comunhão universal 29

IV   As harmonias do espaço 39

V   Necessidade da ideia de Deus 49

VI   As leis universais 53

VII A ideia de Deus e a experimentação psíquica 61

VIII Ação de Deus no mundo e na história 69

IX   Objeções e contradições 77

Segunda Parte
O livro da natureza

X   O céu estrelado 85

XI   A floresta 89

XII O mar 97

XIII A montanha (Impressões de viagem) 103

XIV Elevação 117

Terceira Parte
A lei circular, a missão do século XX

XV   A lei circular 129

XVI A missão do século XX 149

Notas complementares

Nº 1 – Sobre a necessidade de um motor inicial para explicar os movimentos planetários 159

Nº 2 – Sobre as forças desconhecidas 163

Nº 3 – As maravilhas celestes; dimensões das estrelas 165

Índice geral 167

Ao leitor

Nas horas pesadas da vida, nos dias de tristeza e de acabrunhamento, leitor, abre este livro! Eco das vozes do Alto, ele te dará coragem; inspirar-te-á a paciência e a submissão às leis eternas!

Onde e como pensei em escrevê-lo? Em uma tarde de inverno, tarde de passeio na costa azulada de Provença.

Deitava-se o Sol sobre o mar pacífico. Seus raios de ouro, resvalando sobre a vaga adormecida, acendiam tintas ardentes sobre o cimo das rochas e dos promontórios, enquanto o delgado crescente lunar subia no céu sem nuvens. Fazia-se grande silêncio, envolvendo todas as coisas. Solitário, um sino longínquo, lentamente, soava o ângelus. Pensativo, eu ouvia os ruídos abafados, os rumores apenas perceptíveis das cidades de inverno em festa e as vozes que cantavam em minha alma.

Pensava na indiferença dos homens que se inebriam de prazeres para melhor esquecer o fim da vida, seus imperiosos deveres, suas pesadas responsabilidades. O mar balouçante, o espaço que, pouco a pouco, se constelava de estrelas, os odores penetrantes dos mirtos e dos pinheiros, as harmonias longínquas na calma da tarde, tudo contribuía para derramar, em mim e em torno de mim, um encanto sutil, íntimo e profundo.

E a voz me disse: "Publica um livro que nós te inspiraremos, um livrinho que resuma tudo que a alma humana deve conhecer para se orientar no seu caminho; publica um livro que demonstre a todos não ser a vida uma coisa vã de que se possa fazer uso leviano, e sim uma luta pela conquista do Céu, uma obra elevada e grave de edificação, de aperfeiçoamento, regida por leis augustas e equitativas, acima das quais paira a eterna justiça, amenizada pelo amor".

* * *

A justiça! Se há neste mundo uma necessidade imperiosa para todos os que sofrem, para quantos têm a alma dilacerada, não é essa a de crer, de saber que a justiça não é uma palavra vazia; que há, de qualquer maneira, compensações para todas as dores, sanção para todos os deveres, consolação para todos os males?

Ora, essa justiça absoluta, soberana, quaisquer que sejam nossas opiniões políticas e nossas vistas sociais, devemos reconhecer perfeitamente, não é de nosso mundo. As instituições humanas não a comportam.

Embora chegássemos a corrigir, a melhorar essas instituições e, por conseguinte, a atenuar muitos males, a diminuir a soma das desigualdades e das misérias humanas, há causas de aflição, enfermidades cruéis e inatas contra as quais seremos sempre impotentes: a perda da saúde, da vista, da razão, a separação dos seres amados e todo o imenso séquito dos sofrimentos morais, tanto mais vivos quanto o homem é mais sensível e a civilização mais apurada.

Apesar de todos os melhoramentos sociais, nunca obteremos que o bem e o mal encontrem neste mundo integral sanção. Se existe essa justiça absoluta, o seu tribunal não pode estar senão no Além! Mas quem nos provará que esse Além não é um mito, uma ilusão, uma quimera? As religiões, as filosofias passaram; elas desdobraram sobre a alma humana o manto rico de suas concepções e de suas esperanças. Entretanto, a dúvida subsistiu no fundo das consciências. Uma crítica minuciosa e sábia tem passado em estreito crivo todas as teorias de outrora. E desse conjunto maravilhoso só resultaram ruínas.

Mas, em todos os pontos do globo, fenômenos psíquicos se produziram. Variados, contínuos, inumeráveis, traziam a prova da existência de um Mundo Espiritual, invisível, regido por princípios rigorosos, tão imutáveis quanto os da matéria, mundo que guarda nas suas profundezas o segredo de nossas origens e de nossos destinos.[1] Uma nova ciência nasceu, baseada nas experiências, nas pesquisas e nos testemunhos de sábios

---

[1] Vide Léon Denis, *No invisível*: Espiritismo e mediunidade; *Cristianismo e espiritismo*: Provas experimentais da sobrevivência.

eminentes; uma comunicação se estabelecera com esse Mundo Invisível que nos cerca e uma revelação poderosa banha a humanidade qual uma onda pura e regeneradora.

* * *

Nunca, talvez, no decurso de sua história, a França sentiu mais profundamente a oportunidade de uma nova orientação moral. As religiões, dissemos, perderam muito de seu prestígio, e os frutos envenenados do materialismo se mostram por toda parte. Já tinham feito nascer entre as nações esse conflito sangrento que nos aproveitou tão pouco. A obra nefasta prossegue na hora presente. Ao lado do egoísmo e da sensualidade de uns, pompeiam a brutalidade e a avidez de outros. Os atos de violência, os assassínios e os suicídios se multiplicam. As greves se revestem de caráter cada vez mais grave. É a luta das classes, o desencadeamento dos apetites e dos furores. A voz popular sobe e retumba; o ódio dos pequenos, contra aqueles que possuem e gozam, tende a passar do domínio das teorias para o dos fatos. As práticas bárbaras, destruidoras de toda a civilização, penetram nos costumes do operariado. Esse estado de coisas, agravando-se, nos levaria diretamente à guerra civil e à selvageria.

Tais são os resultados de uma falsa educação nacional. Desde séculos, nem a escola nem a Igreja têm ensinado ao povo aquilo de que ele tem mais necessidade de conhecer: o porquê da existência, a Lei do Destino — com o verdadeiro sentido dos deveres e responsabilidades que a ele se ligam. Daí, em toda parte, o desarrazoar das inteligências e das consciências, a confusão, a desmoralização, a anarquia. Estamos ameaçados de falência social.

Será necessário descer até o fundo do pélago das misérias públicas, para ver o erro cometido e compreender que se deve buscar, acima de tudo, o raio que esclareça a grande marcha humana em sua estrada sinuosa, através dos precipícios e das rochas que desabam?

LÉON DENIS

Primeira Parte
Deus e o Universo

I
O grande enigma

Há uma finalidade, há uma lei no Universo?

Ou esse Universo é apenas um abismo no qual o pensamento se perde por falta de ponto de apoio, em que gire sobre si mesmo, igual à folha morta ao influxo do vento? Existe uma força, uma esperança, uma certeza que nos possa elevar acima de nós mesmos a um fim superior, a um princípio, a um Ser em que se identifiquem o bem, a verdade, a sabedoria; ou terá havido em nós e em redor de nós apenas dúvida, incerteza e trevas?

O homem, o pensador, sonda com o olhar a vasta extensão; interroga as profundezas do céu; procura a solução desses grandes problemas: o problema do mundo, o problema da vida. Considera esse majestoso Universo, no qual se sente como que mergulhado; acompanha com os olhos a carreira dos gigantes do espaço, sóis da noite, focos terríficos cuja luz percorre as imensidades taciturnas; interroga esses astros, esses mundos inumeráveis, mas estes passam, mudos, prosseguindo em seu rumo, para um fim que ninguém conhece. Silêncio esmagador paira sobre o abismo, envolve o homem, torna esse Universo mais solene ainda.[2]

Duas coisas, no entanto, nos aparecem à primeira vista no Universo: a matéria e o movimento, a substância e a força. Os mundos são formados de matéria, e essa matéria, inerte por si mesma, se move. Quem, pois, a

---

[2] Esse silêncio é relativo e provém unicamente da imperfeição dos nossos sentidos.

faz mover-se? Qual é essa força que a anima? Primeiro problema. Mas o homem, do Infinito, chama sobre si mesmo sua atenção. Essa matéria e essa força universais, ele as encontra em si mesmo e, com elas, um terceiro elemento, com o qual conheceu, viu e mediu os outros: a inteligência.

Entretanto, a inteligência humana não é, por si só, sua própria causa. Se o homem fosse sua própria causa, poderia manter e conservar o poder da vida que está em si; mas, em verdade, esse poder, sujeito a variações, a desfalecimentos, excede da vontade humana.

* * *

Se a inteligência existe no homem, deve encontrar-se nesse Universo de que faz parte integrante. O que existe na parte deve encontrar-se no todo.

A matéria não é mais que a vestimenta, a forma sensível e mutável, revestida pela vida; um cadáver não pensa, nem se move. A força é um simples agente destinado a entreter as forças vitais. É, pois, a inteligência que governa os mundos.

Essa inteligência se manifesta por leis, leis sábias e profundas, ordenadoras e conservadoras do Universo.

Todas as pesquisas, todos os trabalhos da ciência contemporânea, concorrem para demonstrar a ação das leis naturais, que uma Lei suprema liga, abraça, para constituir a universal harmonia. Por essa Lei, uma Inteligência soberana revela a razão mesma das coisas, Razão consciente, Unidade universal para onde convergem, ligando-se e fundindo-se, todas as relações, onde todos os seres vêm haurir a força, a luz e a vida; Ser absoluto e perfeito, fundamente imutável e fonte eterna de toda a ciência, de toda a verdade, de toda a sabedoria, de todo o amor.

* * *

Algumas objeções são, no entanto, de prever. Pode-se dizer, por exemplo: as teorias sobre a matéria, sobre a força, sobre a inteligência, tais as que formulavam outrora as escolas científicas e filosóficas, tiveram o seu tempo. Novas concepções as substituem. A Física atual nos demonstra que a matéria se dissocia pela análise, se resolve em centros de forças, e que a força se reabsorve no éter universal.

Sim, certamente, os sistemas envelhecem e passam; as fórmulas gastam-se; mas a ideia eterna reaparece, sob formas cada vez mais novas e mais ricas. Materialismo e espiritualismo são aspectos transitórios do conhecimento. Nem a matéria, nem o Espírito são o que deles pensavam as escolas de outrora, e talvez a matéria, o pensamento e a vida estejam ligados por laços estreitos, que começamos a entrever.

Certos fatos, no entanto, subsistem e outros problemas se impõem. A matéria e a força se reabsorvem no éter, mas que é o éter? É, dizem-nos, a matéria-prima, o *substratum* definitivo de todos os movimentos. O próprio éter é atravessado por movimentos inumeráveis: radiações luminosas e caloríficas, correntes de eletricidade e de magnetismo. Ora, é perfeitamente necessário que esses movimentos sejam regulados de certa maneira.

A força gera o movimento, mas a força não é a lei. Cega e sem guia, ela não poderia produzir a ordem e a harmonia no Universo. Estas são, no entanto, manifestas. No cimo da escala das forças, aparece a energia mental, a vontade que constrói as fórmulas e fixa as leis.[3]

A inércia, dir-nos-ão, ainda é relativa, visto que a matéria é energia concentrada. Na realidade, todas as partes constitutivas de um corpo se movem. Entretanto, a energia armazenada nesses corpos só pode entrar em potência de ação quando a matéria componente é dissociada. Não é o caso dos planetas, cujos elementos representam a matéria em seu último grau de concreção. Seus movimentos não se podem explicar por uma força interna, mas somente pela intervenção de uma energia exterior.

Diz G. Le Bon:[4]

> A inércia é a resistência de causa desconhecida, que os corpos opõem ao movimento ou mudança de movimento. Ela é suscetível de medida que se define pelo termo massa. A massa é, pois, a medida da inércia da matéria, seu coeficiente de resistência ao movimento.

Desde Pitágoras até Claude Bernard, todos os pensadores afirmam que a matéria é desprovida de espontaneidade. Toda tentativa de emprestar à substância inerte uma espontaneidade — capaz de organizar e de explicar a força tem sido em vão.

---

[3] G. Le Bon, apesar de suas reticências (A evolução da matéria, p. 275), é obrigado a reconhecê-lo: "Todas estas operações tão precisas, tão admiravelmente adaptadas a um fim, são dirigidas por forças que se conduzem exatamente como se possuíssem uma clarividência muito superior à razão. O que elas executam a cada instante está muito acima de tudo quanto a Ciência mais adiantada pode realizar".
[4] *Revue Scientifique*, 17 de outubro de 1903.

É preciso, pois, aceitar a necessidade de um primeiro motor transcendente para explicar o sistema do mundo. A mecânica celeste não se explica por si mesma, e a existência de um motor inicial se impõe. A nebulosa primitiva, mãe do Sol e dos planetas, era animada de um movimento giratório. Mas quem lhe imprimira esse movimento? Respondemos sem hesitar: Deus.[5]

É somente a ciência contemporânea que nos revela Deus, o Ser universal? O homem interroga a história da Terra; evoca a memória das multidões mortas, das gerações que repousam sob a poeira dos séculos; interroga a fé crédula dos simples e a fé raciocinada dos sábios; e, por toda parte, acima das opiniões contraditórias e das polêmicas das escolas, acima das rivalidades de casta, de interesses e de paixões, ele vê os transportes, as aspirações do pensamento humano para a Causa que vela, augusta e silenciosa, sob o véu misterioso das coisas.

Em todos os tempos e em todos os meios, a queixa humana sobe para esse Espírito Divino, para essa Alma do mundo que se honra sob nomes diversos, mas que, sob tantas denominações: Providência, grande Arquiteto, Ser supremo, Pai celeste, é sempre o Centro, a Lei, a Razão Universal, em que o mundo se conhece, se possui, encontra sua consciência e seu eu.

E é assim que, acima desse incessante fluxo e refluxo de elementos passageiros e mutáveis, acima dessa variedade, dessa diversidade infinita dos seres e das coisas que constituem o domínio da natureza e da vida, o pensamento encontra no Universo esse princípio fixo, imutável, essa Unidade consciente em que se unem a essência e a substância, fonte primeira de todas as consciências e de todas as formas, visto que consciência e forma, essência e substância, não podem existir uma sem a outra. Elas se unem para constituir essa Unidade viva, esse Ser absoluto e necessário, fonte de todos os seres, ao qual chamamos Deus.

A linguagem humana é, entretanto, impotente para exprimir a ideia do Ser infinito. Desde que nos servimos de nomes e de termos, limitamos o que é sem limites. Todas as definições são insuficientes e, de certo modo, induzem a erro. Entretanto, o pensamento, para se exprimir, precisa de termo. O menos afastado da realidade é aquele pelo qual os padres do Egito designavam Deus: "Eu sou, isto é, Eu sou o Ser por excelência, absoluto, eterno, e do qual emanam todos os seres".

---

[5] Vide nota complementar no fim do livro.

O grande enigma

* * *

Um mal-entendido secular divide as escolas filosóficas quanto a estas questões. O materialismo via no Universo somente a substância e a força. Parecia ignorar os estados quintessenciados, as transformações infinitas da matéria. O espiritualismo vê em Deus só o princípio espiritual, e não considera imaterial tudo o que não cai sob os nossos sentidos. Ambos se enganam. O mal-entendido que os separa cessará quando os materialistas virem em seu princípio e os espiritualistas em seu Deus a fonte dos três elementos: substância, força, inteligência, cuja união constitui a vida universal.

Por isso, basta compreender duas coisas: se se admite que a substância está fora de Deus, Deus não é infinito, e, pois que a consciência existe no mundo atual, é preciso evidentemente que ela se encontre naquilo que tem sido o princípio do mundo.

Mas a ciência, depois de se haver retardado durante meio século nos desertos do materialismo e do positivismo, depois de ter reconhecido a esterilidade deles, a ciência atual modificou a sua orientação. Em todos os domínios: Física, Química, Biologia, Psicologia, ela se encaminha hoje, a passo decidido, para essa grande unidade que se entrevê no fundo de tudo. Por toda parte, ela reconhece a unidade de forças, a unidade de leis. Atrás de toda substância em movimento encontra-se a força, e a força não é senão a projeção do pensamento, da vontade na substância. A eterna Criação, a eterna renovação dos seres e das coisas é tão somente a projeção constante do Pensamento divino no Universo.

Pouco a pouco, o véu se levanta; o homem começa a entrever a evolução grandiosa da vida na superfície dos mundos. Ele vê a correlação das forças e a adaptação das formas e dos órgãos em todos os meios; sabe que a vida se desenvolve, se transforma e se apura à medida que percorre sua espiral imensa; compreende que tudo está regulado visando a um fim, que é o aperfeiçoamento contínuo do ser e o crescimento nele da soma do bem e do belo. Mesmo neste mundo, ele pode seguir essa Lei majestosa do Progresso, através de todo o lento trabalho da natureza, desde as formas ínfimas do ser, desde a célula verde flutuando no seio das águas, até o homem consciente no qual a unidade da vida se afirma, e acima dele, de grau em grau, até o infinito. E essa ascensão só se compreende, só se explica pela existência de um princípio universal, de uma energia incessante, eterna, que penetra toda a natureza; é ela que regula e estimula essa evolução colossal dos seres e dos mundos para o melhor, para o bem.

Deus, tal qual o concebemos, não é, pois, o Deus do panteísmo oriental, que se confunde com o Universo, nem o Deus antropomorfo, monarca do céu, exterior ao mundo, de que nos falam as religiões do Ocidente. Deus é manifestado pelo Universo — de que é a representação sensível —, mas não se confunde com este. De igual maneira que em nós a unidade consciente, a alma, o eu, persiste no meio das modificações incessantes da matéria corporal, assim, no meio das transformações do Universo e da incessante renovação de suas partes, subsiste o Ser que é a Alma, a Consciência, o Eu que o anima e lhe comunica o movimento e a vida.

E esse grande Ser, absoluto, eterno, que conhece as nossas necessidades, ouve o nosso apelo, nossas preces, que é sensível às nossas dores, é qual o imenso foco em que todos os seres, pela comunhão do pensamento e do sentimento, vêm haurir as forças, o socorro, as inspirações necessárias para os guiar na senda do destino, para os suster em suas lutas, consolar em suas misérias, levantar em seus desfalecimentos e em suas quedas.

**

Não procures Deus nos templos de pedra e de mármore, ó homem que o queres conhecer, e sim no templo eterno da natureza, no espetáculo dos mundos a percorrer o Infinito, nos esplendores da vida que se expande em sua superfície, na vista dos horizontes variados: planícies, vales, montanhas e mares que a tua morada terrestre te oferece. Por toda parte, à luz brilhante do dia ou sob o manto constelado das noites, à margem dos oceanos tumultuosos, e assim na solidão das florestas, se te sabes recolher, ouvirás as vozes da natureza e os sutis ensinamentos que murmura ao ouvido daqueles que frequentam suas solidões e estudam seus mistérios. A Terra voga sem ruído na extensão. Essa massa de dez mil léguas de circuito desliza sobre as ondas do éter qual um pássaro no espaço, qual um mosquito na luz. Nada denuncia sua marcha imponente. Nenhum ranger de rodas, nenhum murmúrio de vagas sob seus flancos. Silenciosa, ela passa, rola entre suas irmãs do céu. Toda a potente máquina do Universo se agita; os milhões de sóis e de mundos que a compõem, mundos perto dos quais o nosso vale por uma criança, todos se deslocam, se entrecruzam, prosseguem suas evoluções com velocidades aterradoras, sem que som algum ou qualquer choque venha trair a ação desse gigantesco aparelho. O Universo continua calmo. É o equilíbrio absoluto; é a majestade de um poder misterioso, de uma inteligência que não se impõe, que se esconde no seio das coisas, e cuja presença se revela ao pensamento e ao coração, e que atrai o pesquisador qual a vertigem do abismo.

Se a Terra evolucionasse com estrondo, se o mecanismo do mundo se regulasse com fracasso, os homens, aterrorizados, curvar-se-iam e creriam. Mas, não! A obra formidável se executa sem esforço. Globos e sóis flutuam no Infinito, tão livres quanto plumas sob a brisa. Avante, sempre avante! O rondar das esferas se efetua guiado por uma potência invisível.

A vontade que dirige o Universo se disfarça a todos os olhares. As coisas estão dispostas de maneira que ninguém é obrigado a lhes dar crédito. Se a ordem e a harmonia do cosmos não bastam para convencer o homem, este é livre no conjeturar. Nada constrange o cético para ir a Deus.

O mesmo acontece às coisas morais. Nossas existências se desenrolam e os acontecimentos se sucedem sem ligação aparente, mas a imanente justiça domina ao alto e regula nossos destinos segundo um princípio imutável, pelo qual tudo se encadeia em uma série de causas e de efeitos. Seu conjunto constitui uma harmonia que o espírito emancipado de preconceitos, iluminado por um raio da sabedoria, descobre e admira. Que sabemos nós do Universo? Nossa vista só percebe um conjunto restrito do império das coisas. Somente os corpos materiais, à nossa semelhança, a afeta. A matéria sutil e difusa nos escapa.[6] Vemos o que há de mais grosseiro, em tudo que nos cerca. Todos os mundos fluídicos, todos os círculos onde a vida superior se agita, a vida radiosa, se eclipsam aos olhos humanos. Distinguimos apenas os mundos opacos e pesados que se movem nos céus. O espaço que os separa nos parece vazio. Por toda parte, profundos abismos parecem abrir-se. Erro! O Universo está cheio. Entre essas moradas materiais, no intervalo desses mundos planetários, prisões ou presídios flutuam no espaço, outros domínios da vida se estendem, vida espiritual, vida gloriosa, que nossos sentidos espessos não podem perceber porque, sob suas radiações, quebrar-se-iam qual se rompe o vidro ao choque de uma pedra. A sábia natureza limitou nossas percepções e nossas sensações. É degrau a degrau que ela nos conduz no caminho do saber. É lentamente, trecho por trecho, vidas depois de vidas, que ela nos leva ao conhecimento do Universo, seja visível, seja oculto. O ser sobe, um a um, os degraus da escadaria gigantesca

---

[6] Atualmente não conhecemos, nem podemos conhecer, em sua essência, nem o Espírito nem a matéria.

que conduz a Deus. E cada um desses degraus representa para o ser uma longa série de séculos.

Se os mundos celestes nos aparecessem de repente, sem véus, em toda a sua glória, ficaríamos aturdidos, cegos. Mas nossos sentidos exteriores foram medidos e limitados. Eles avultam e se apuram à medida que o ser se eleva na escala da existência e dos aperfeiçoamentos. O mesmo se dá com o conhecimento, a possessão das leis morais. O Universo se desvenda a nossos olhos à proporção que a nossa capacidade de compreender as suas leis se desenvolve e engrandece. Lenta é a incubação das almas sob a Luz Divina.

* * *

É a ti, ó Potência suprema! Qualquer que seja o nome que te deem e por mais imperfeitamente que sejas compreendida; é a ti, Fonte eterna da vida, da beleza, da harmonia, que se elevam nossas aspirações, nossa confiança, nosso amor.

Onde estás, em que céus profundos, misteriosos, tu te escondes? Quantas almas acreditaram que bastaria, para te encontrar, o deixar a Terra! Mas tu te conservas invisível tanto no Mundo Espiritual quanto no mundo terrestre, invisível para aqueles que não adquiriram ainda a pureza suficiente para refletir teus divinos raios.

Tudo revela e manifesta, no entanto, tua presença. Tudo quanto na natureza e na humanidade canta e celebra o amor, a beleza, a perfeição, tudo que vive e respira é mensagem de Deus. As forças grandiosas que animam o Universo proclamam a realidade da Inteligência Divina; ao lado delas, a majestade de Deus se manifesta na história, pela ação das grandes almas que, semelhantes a vagas imensas, trazem às plagas terrestres todas as potências da obra de sabedoria e de amor.

E Deus está, assim, em cada um de nós, no templo vivo da consciência. É aquele o lugar sagrado, o santuário em que se encontra a Divina Centelha.

Homens! aprendei a imergir em vós mesmos, a esquadrinhar os mais íntimos recônditos do vosso ser; interrogai-vos no silêncio e no retiro. E aprendereis a reconhecer-vos, a conhecer o poder escondido em vós. É ele que leva e faz resplandecer no fundo de vossas consciências as santas imagens do bem, da verdade, da justiça, e é honrando essas imagens divinas, rendendo-lhes um culto diário, que essa consciência, ainda obscura, se purifica e se ilumina.

Pouco a pouco, a luz se engrandece em nós outros. De igual modo que gradualmente, de maneira insensível, as sombras dão lugar à luz do dia, assim a alma se ilumina das irradiações desse foco que reside nela e faz desabrochar, em nosso pensamento e em nosso coração, formas sempre novas, sempre inesgotáveis de verdade e de beleza. E essa luz é também harmonia penetrante, voz que canta na alma do poeta, do escritor, do profeta, e os inspira e lhes dita as grandes e fortes obras, nas quais eles trabalham para elevação da humanidade. Mas sentem essas coisas apenas aqueles que, tendo dominado a matéria, se tornaram dignos dessa comunhão sublime, por esforços seculares, aqueles cujo senso íntimo se abriu às impressões profundas e conhecem o sopro potente que atiça os clarões do gênio, sopro que passa pelas frontes pensativas e faz estremecer os envoltórios humanos.

II
Unidade substancial do Universo

O Universo é uno, posto que triplo na aparência.

Espírito, força e matéria não parecem ser mais que os modos, os três estados de uma substância imutável em seu princípio, variável ao infinito em suas manifestações.

O Universo vive e respira, animado por duas correntes poderosas: a absorção e a difusão.

Por essa expansão, por esse sopro imenso, Deus, o Ser dos seres, a Alma do Universo, cria. Por Seu amor, atrai a si. As vibrações do seu pensamento e da Sua vontade, fontes primeiras de todas as forças cósmicas, movem o Universo e geram a vida.

A matéria, dissemos, é um modo, uma forma transitória da substância universal. Ela escapa à análise e desaparece sob a objetiva dos microscópios, para se transmudar em radiações sutis. Não tem existência própria; as filosofias, que a tomam por base, repousam sobre uma aparência, uma espécie de ilusão.[7]

A unidade do Universo, por muito tempo negada ou incompreendida, começa a ser entrevista pela ciência. Há quatro lustros, W. Crookes,

---

[7] "A matéria", diz W. Crookes, "é um modo do movimento." (Proc. Roy. Soc., no 205, p. 472).

no curso de estudos sobre a materialização dos Espíritos, descobria o quarto estado da matéria, o estado radiante, e essa descoberta, por suas consequências, ia destruir todas as velhas teorias clássicas sobre o assunto. Estas estabeleciam distinção entre a matéria e a força. Sabemos agora que ambas se confundem. Sob a ação do calor, a matéria mais grosseira se transforma em fluidos; os fluidos, por sua vez, se reduzem a um elemento mais sutil, que escapa aos nossos sentidos. Toda matéria pode ser transformada em força e toda força se condensa em matéria, percorrendo assim um círculo incessante.[8]

As experiências de Crookes prosseguiram e foram confirmadas por uma legião de investigadores. O mais célebre, Roentgen, denominou raios X as irradiações emanadas das ampolas de vidro; têm eles a propriedade de atravessar a maior parte dos corpos opacos e permitem perceber e fotografar o invisível aos nossos olhos.

Pouco depois, o Sr. Becquerel demonstrava as propriedades que têm certos metais de emitir irradiações obscuras, que penetram a matéria mais densa, qual os raios Roentgen, e impressionam as placas fotográficas através das lâminas metálicas.

O rádio, elemento químico, descoberto pelo Sr. Curie, produz calor e luz, de maneira contínua, sem se esgotar de modo sensível. Os corpos submetidos à sua ação se tornam, por sua vez, irradiantes. Posto que a quantidade de energia irradiada por esse metal seja considerável, a perda de substância material que lhe corresponde é quase nula. W. Crookes calculou que um século seria necessário para a dissociação de um grama de rádio.[9] Mais ainda. As engenhosas descobertas de G. Le Bon[10] provaram que as irradiações são uma propriedade geral de todos os corpos. A matéria pode dissociar-se indefinidamente; ela é energia concretizada. Assim, a teoria do átomo indivisível, que há dois milênios servia de base à Física e à Química, desmorona-se, e, com ela, as distinções clássicas entre o ponderável e o imponderável.[11] A soberania da matéria, que se dizia absoluta, eterna, teve fim.

---

[8] "Toda matéria", diz Crookes, "tornará a passar pelo estado etéreo de onde veio." (Discurso no Congresso de Química, Berlim, 1903).
[9] Vide G. Le Bon, *Revue Scientifique*, 24 de outubro de 1903, p. 518.
[10] Vide *Revue Scientifique*, 17, 24 e 31 de outubro de 1903.
[11] Desde séculos, afirmava-se e defendia-se a teoria dos átomos, sem que a conhecessem perfeitamente. Berthelot a qualifica de "romance engenhoso e sutil". (Berthelot – *La synthese chimique*, 1876, p. 164). Por aí se vê, diz Le Bon, que certos dogmas científicos não têm mais consistência que as divindades dos antigos tempos.

É preciso, pois, reconhecer que o Universo não é tal como parecia a nossos fracos sentidos. O mundo físico constitui ínfima parte dele. Fora do círculo de nossas percepções, existe uma infinidade de forças e de formas sutis que a ciência ignorou até hoje. O domínio do invisível é muito mais vasto e mais rico que o do mundo visível. Em sua análise dos elementos que constituem o Universo, a ciência tem errado durante séculos, e agora lhe é necessário destruir o que tão penosamente edificou. O dogma científico da unidade irredutível do átomo, desmoronando-se, arrasta todas as teorias materialistas.

A existência dos fluidos, afirmada pelos Espíritos há meio século — o que lhes valeu tantos sarcasmos da parte dos sábios oficiais —, está estabelecida, doravante, pela experimentação, de maneira rigorosa.

Os seres vivos, por sua parte, emitem irradiações de naturezas diferentes. Eflúvios humanos, variando de forma e de intensidade sob a ação da vontade, impregnam placas com misteriosa luz. Esses influxos, quer nervosos, quer psíquicos, conhecidos desde muito pelos magnetizadores e espíritas, mas negados pela ciência, são autenticados hoje pelos fisiologistas no grau de realidade irrecusável. Por esse caminho é encontrado o princípio da telepatia. As volições do pensamento, as projeções da vontade, transmitem-se através do espaço, qual as vibrações do som e as ondulações da luz, e vão impressionar organismos em simpatia com o do emitente. As almas em afinidade de pensamento e de sentimento podem trocar seus eflúvios, em todas as distâncias, de igual maneira que os astros permutam, através dos abismos do espaço, seus raios trêmulos. Descobrimos ainda aí o segredo das ardentes simpatias ou das invencíveis repulsões que certos homens sentem uns pelos outros, à primeira vista.

A maior parte dos problemas psicológicos: sugestão, comunicação a distância, ações e reações ocultas, visão através de obstáculos, encontram aí a sua explicação. Estamos ainda na aurora do verdadeiro conhecimento, mas o campo das pesquisas se acha largamente aberto, e a ciência vai marchar, de conquista em conquista, em senda rica de surpresas. O Mundo Invisível se revela a própria base do Universo, a fonte eterna das energias físicas e vitais que animam o cosmos.

Rui assim o principal argumento daqueles que negam a possibilidade da existência dos Espíritos, dos que não podiam conceber a vida invisível, por falta de um *substratum*, de uma substância que escapa aos nossos sentidos. Ora, nós encontramos, conjuntamente, no mundo dos imponderáveis, os elementos constitutivos da vida desses seres e as forças que lhes são necessárias para manifestar sua existência.

Os fenômenos espíritas, de toda ordem, explicam-se pelo fato de que um dispêndio considerável de energia pode produzir-se sem dispêndio aparente de matéria. Os transportes, a desagregação e a reconstituição espontâneas de objetos, em câmaras fechadas; os casos de levitação; a passagem dos Espíritos através dos corpos sólidos; aparições e materializações, que provocaram tanta admiração e suscitaram tantos sarcasmos; tudo isso se torna fácil de compreender, desde que se conheça o jogo das forças e dos elementos em ação nesses fenômenos. De tal dissociação de matéria, de que fala G. Le Bon, e que o homem é ainda impotente para produzir, os Espíritos possuem, de há muito, as regras e as leis. A aplicação dos raios X não explica também o fenômeno da dupla vista dos médiuns e o da fotografia espírita? Com efeito, se as placas podem ser influenciadas por certos raios obscuros, por diversas irradiações de matéria imponderável que penetram os corpos opacos, maior e mais forte razão existe para que os fluidos quintessenciados do envoltório dos Espíritos possam, em determinadas condições, impressionar a retina dos videntes, aparelho mais delicado e mais complexo que a placa de vidro.

É assim que o Espiritismo se fortalece cada dia, pela aquisição de argumentos tirados das descobertas da ciência, e que acabarão por abalar os mais endurecidos céticos.

* * *

A grande querela secular que dividia as escolas filosóficas reduz-se, pois, a uma questão de palavras. Nas experiências em que a W. Crookes coube tomar a iniciativa, a matéria funde-se, o átomo desaparece; em seu lugar surge a energia. A substância é um Proteu que se reveste de mil formas inesperadas. Os gases, que se consideravam permanentes, se liquefazem; o ar se decompõe em elementos muito mais numerosos do que a ciência de ontem ensinava; a radioatividade, isto é, a aptidão dos corpos à desagregação, emitindo eflúvios análogos aos raios catódicos, revela-se qual um fato universal. Uma revolução se dá nos domínios da Física e da Química. Por toda parte, em nosso redor, vemos expandirem-se fontes de energia, imensos reservatórios de forças, muito superiores em potência a tudo quanto até hoje se conhecia. A ciência se encaminha, pouco a pouco, para a grande síntese unitária, que é a lei fundamental da natureza. Seus mais recentes descobrimentos têm alcance incalculável, no sentido de demonstrar, experimentalmente, o grande princípio constitutivo do Universo: unidade das forças, unidade das leis. O encadeamento prodigioso das forças e dos seres — precisa-se, completa-se. Verifica-se existir continuidade absoluta, não só entre todos os estados da matéria, mas ainda entre estes e os diferentes estados da força.[12]

A energia parece ser a substância única, universal. No estado compacto, ela reveste as aparências a que chamamos — matéria sólida, líquida, gasosa; sob um modo mais sutil, constitui os fenômenos de luz, calor, eletricidade, magnetismo, afinidade química. Estudando a ação da vontade sobre os eflúvios e as irradiações, poderíamos, talvez, entrever o ponto, o vértice em que a força se torna inteligente, em que a lei se manifesta, em que o pensamento se transforma em vida.[13]

E isso porque tudo se liga e encadeia no Universo. Tudo é regulado pela lei do número, da medida, da harmonia. As manifestações mais elevadas de energia confinam com a inteligência. A força se transforma em atração; a atração se faz amor. Tudo se resume em um poder único e primordial, motor eterno e universal, ao qual se dão nomes diversos e é apenas o Pensamento, a Vontade Divina. Suas vibrações animam o Infinito! Todos os seres, todos os mundos se banham no oceano das irradiações que emanam do inesgotável foco.

Consciente de sua ignorância e de sua fraqueza, o homem fica confundido diante dessa unidade formidável que abrange todas as coisas e com ela conduz a vida das humanidades. Ao mesmo tempo, entretanto, o estudo do Universo lhe abre fontes profundas de gozos e de emoções. Apesar de nossa enfermidade intelectual, o pouco que entrevemos das leis universais nos arrebata; na potência ordenadora das leis e dos mundos, pressentimos Deus e, por isso, adquirimos a certeza de que o bom, o belo, a harmonia perfeita, reinam acima de tudo.

---

[12] "Os produtos da dissociação dos átomos", diz G. Le Bon, "constituem uma substância intermediária por suas propriedades entre os corpos ponderáveis e o éter imponderável, isto é, entre dois mundos profundamente separados até aqui." (Revue Scientifique, 17 de outubro de 1903).
"As observações precedentes", diz ainda esse eminente químico, "parecem provar que os diversos corpos simples derivam de matéria única. Essa matéria primitiva seria produzida por uma condensação do éter." (Revue Scientifique, 24 de outubro de 1903).
[13] Ver nota complementar nº 2, no fim deste volume.

III
Solidariedade: comunhão universal

Deus é o Espírito de Sabedoria, de Amor e de Vida, o Poder infinito que governa o mundo.

O homem é finito, mas tem a intuição do Infinito. O princípio espiritual, de que é detentor, incita-o a perscrutar os problemas que excedem os limites atuais de seu entendimento. Seu espírito, prisioneiro na carne, separa-se dela, às vezes, e eleva-se aos domínios superiores do pensamento, donde lhe vêm essas altas aspirações, as quais muitas vezes são seguidas de recaídas na matéria. Daí tantas pesquisas, tentativas e erros, a tal ponto que seria impossível distinguir a verdade, no amontoado dos sistemas e das superstições, que o trabalho das idades tem acumulado, se os poderes invisíveis não viessem fazer a luz nesse caos.

Cada alma é uma irradiação da grande alma universal, uma centelha gerada do eterno foco. Nós, porém, nos ignoramos a nós mesmos, e essa ignorância é a causa de nossa fraqueza e de todos os nossos males.

Estamos unidos a Deus na relação estreita que liga a causa ao efeito, e somos tão necessários à sua existência quanto Ele é necessário à nossa. Deus, Espírito universal, manifesta-se na natureza, e o homem é, sobre a Terra, a mais alta expressão dessa natureza. Somos a criação e a expressão de Deus, que é a fonte do bem. Mas esse bem, nós o possuímos somente no estado de gérmen, e nossa tarefa consiste em desenvolvê-lo. Nossas vidas sucessivas, nossa ascensão na espiral infinita das existências, não têm outro fim. Tudo está escrito no fundo da alma em caracteres misteriosos: o passado, de onde emergimos e devemos aprender a sondar; o futuro, para o qual evolvemos, futuro que nós mesmos edificaremos, qual monumento maravilhoso, feito de pensamentos elevados, de nobres ações, de devotamentos e de sacrifícios.

A tarefa que cada um tem a realizar resume-se em três palavras: saber, crer, querer — isto é, saber que temos recônditos e inatos recursos incalculáveis; crer na eficiência de nossa ação sobre os dois mundos, o da matéria e o do Espírito; querer o bem, dirigindo o nosso pensamento para o que é belo e grandioso, conformando as nossas ações com as leis eternas do trabalho, da justiça e do amor.

Vindas de Deus, todas as almas são irmãs; todos os filhos da raça humana são unidos por laços estreitos de fraternidade e solidariedade. E porque os progressos de cada um são sentidos por todos, o rebaixamento de um só afeta o conjunto.

Da paternidade de Deus decorre a fraternidade humana; todas as relações que nos ligam unem-se a esse fato. Deus, Pai das almas, deve ser considerado o Ser consciente por excelência e nunca em grau de abstração. Aqueles que possuem reta consciência e são esclarecidos por um raio do Alto, reconhecem Deus e o servem na humanidade, que é sua filha e sua criação.

Atingindo o homem o conhecimento de sua verdadeira natureza e de sua unidade em Deus, tendo entrado essa noção em sua consciência e em seu coração, ele se eleva até a Verdade suprema; domina, do topo, as vicissitudes terrestres; encontra a força que "remove montanhas", que o torna vencedor na luta contra as paixões e permite desprezar as decepções e a morte. Executa então o que o vulgo chama prodígios. Por sua vontade, por sua fé, submete, governa a substância; quebra as fatalidades da matéria; torna-a quase um deus para os outros homens. Muitos, em sua passagem por este mundo, chegaram a essas alturas de vistas, mas só o Cristo delas se compenetrou, ao ponto de dizer à face de todos: "Eu e o Pai somos um; Ele está em mim e eu estou nele".

Essas palavras não se aplicam, entretanto, a Ele só; são verdadeiras para a humanidade inteira. O Cristo sabia que todo homem deve chegar à compreensão de sua natureza íntima, e é nesse sentido que dizia a seus discípulos: "Vós sois todos deuses".[14]

Poderia ter acrescentado: deuses para o futuro!

É a ignorância da nossa natureza e das forças divinas que dormem em nosso íntimo, é a ideia insuficiente que fazemos do nosso papel e das leis do destino que nos entregam às influências inferiores, ao que chamamos o mal. Na realidade, o fato se reduz a uma falta de desenvolvimento. O estado de ignorância não é, por si mesmo, um mal; é somente uma das formas, uma das condições necessárias da Lei de Evolução. Nossa inteligência não amadureceu ainda, nossa razão, criança, tropeça nos acidentes do caminho; daí o erro, os desfalecimentos, as provações, a dor. Mas todas essas coisas serão um bem se as considerarmos outros tantos meios de educação e elevação. A alma deve atravessá-las para chegar à concepção das verdades superiores, à possessão da parte de glória e de luz, que fará dela uma eleita do céu, uma expressão perfeita do Poder e do Amor infinitos. Cada ser possui os rudimentos de uma inteligência que atingirá o gênio e tem a imensidade dos tempos para desenvolvê-la. Cada vida terrestre é uma escola, a escola primária da eternidade.

Na lenta ascensão que leva o homem a Deus, procuramos, antes de tudo, a ventura, a felicidade. Todavia, em seu estado de ignorância, não poderia ele atingir esses bens, porque os procura quase sempre onde não estão, na região das miragens e das quimeras, e isso por meio de processos cuja falsidade só lhe aparece depois das decepções e dos sofrimentos. São esses sofrimentos que nos esclarecem; nossas dores são lições austeras; elas nos ensinam que a verdadeira felicidade não está nas coisas da matéria, passageiras e mutáveis, mas na perfeição moral. Nossos erros e faltas repetidos, com as fatais consequências que trazem, acabam por nos dar a experiência, e esta nos conduz à sabedoria, isto é, ao conhecimento inato, à intuição da verdade. Chegado a esse sólido terreno, o homem sentirá o laço que o une a Deus e avançará, em passo mais seguro, de estádios em estádios, para a grande luz que não se extingue nunca.

* * *

Todos os seres estão ligados uns aos outros e se influenciam reciprocamente: o Universo inteiro está submetido à Lei da Solidariedade.

---
[14] *João*, 10:34.

Os mundos nas profundezas do éter, os astros que, a milhares de léguas de distância, entrecruzam seus raios de prata, conhecem-se, chamam-se e respondem-se. Uma força, que denominamos atração, os reúne através dos abismos do espaço.

De igual maneira, na escala da vida, todas as almas estão unidas por múltiplas relações.

A solidariedade que as liga funda-se em identidade de sua natureza, na igualdade de seus sofrimentos através dos tempos, na similitude de seus destinos e de seus fins.

A exemplo dos astros dos céus, todas essas almas se atraem. A matéria exerce sobre o Espírito seus poderes misteriosos. Qual Prometeu sobre sua rocha, ela o encadeia aos mundos obscuros. A alma humana sente todas as atrações da vida inferior; ao mesmo tempo percebe os chamados do Alto.

Nessa penosa e laboriosa evolução que arrasta os seres, há um fato consolador sobre o qual é bom insistir: em todos os graus de sua ascensão, a alma é atraída, auxiliada, socorrida pelas entidades superiores. Todos os Espíritos em marcha são auxiliados por seus irmãos mais adiantados e devem auxiliar, por sua vez, todos os que lhes estão abaixo.

Cada individualidade forma um anel da grande cadeia dos seres. A solidariedade que os liga pode muito bem restringir um tanto a liberdade de cada uma, mas, se esta liberdade é limitada em extensão, não o é na intensidade.

Por mais limitada que seja a ação do anel, um só de seus impulsos pode limitar toda a cadeia.

É maravilhosa essa fecundação constante do mundo inferior pelo mundo superior. Daí vêm todas as intuições geniais, as inspirações profundas, as revelações grandiosas. Em todos os tempos, o pensamento elevado irradiou no cérebro humano. Deus, em sua equidade, nunca recusou seu socorro, nem sua luz a raça alguma, a povo algum. A todos tem enviado guias, missionários, profetas. A verdade é uma e eterna; ela penetra na humanidade por irradiações sucessivas à medida que nosso entendimento se torna mais apto para assimilá-la.

Cada revelação nova é continuação da antiga. É este o caráter do espiritualismo moderno, que traz um ensino, um conhecimento mais completo do papel do ser humano, uma revelação dos poderes recônditos que ele possui e também de suas relações íntimas com o pensamento superior e divino.

O homem, Espírito encarnado, tinha esquecido seu verdadeiro papel. Sepultado na matéria, perdia de vista os grandes horizontes de seu destino; desprezava os meios de desenvolver seus recursos latentes, de se tornar mais feliz, tornando-se melhor. A Revelação Nova lhe vem lembrar todas essas coisas. Vem despertar as almas adormecidas, estimular sua marcha, provocar sua elevação. Ela ilumina os recônditos obscuros do nosso ser, diz nossas origens e nossos fins, explica o passado pelo presente e abre um porvir que temos a liberdade de tornar grande ou miserável, segundo nossos atos.

* * *

A alma humana só pode realmente progredir na vida coletiva, trabalhando em benefício de todos. Uma das consequências dessa solidariedade que nos liga é que a vista dos sofrimentos de alguns perturba e altera a serenidade de outros.

Assim, é preocupação constante dos Espíritos elevados levar às regiões obscuras, às almas retardadas nos caminhos da paixão e do erro, as irradiações do seu pensamento e os transportes do seu amor. Nenhuma alma pode perder-se; se todas tiverem sofrido, todas serão salvas. No meio de suas provas dolorosas, a piedade e o afeto de suas irmãs as enlaçam e as arrastam para Deus.

Como compreender, com efeito, que os Espíritos radiosos possam esquecer aqueles que outrora amaram, aqueles que partilharam suas alegrias, suas preocupações e pensam ainda nas sendas terrestres? A queixa dos que sofrem, dos que o destino encadeia ainda aos mundos atrasados, chega até eles e suscita a sua generosa compaixão. Quando um desses apelos atravessa o Espaço, eles deixam as moradas etéreas para derramar os tesouros de sua caridade nos escuros sulcos dos mundos materiais. Qual as vibrações da luz, os transportes do seu amor se propagam na extensão, levando o consolo aos corações entristecidos, vertendo sobre as chagas humanas o bálsamo da esperança.

Muitas vezes, também, durante o sono, as almas terrestres, atraídas por suas irmãs mais adiantadas, lançam-se com força para as alturas do Espaço para se impregnarem dos fluidos vivificantes da pátria eterna. Ali, Espíritos amigos as cercam e as exortam, reconfortam e acalmam as suas angústias; em seguida, extinguindo pouco a pouco a luz em torno delas, a fim de que as pungentes lamentações da separação não as acabrunhem, elas as reconduzem às fronteiras dos mundos inferiores. Seu despertar é melancólico, mas agradável, e, embora esquecidas de sua passagem pelas altas regiões, sentem-se elas reconfortadas e retomam mais alegremente os encargos de sua existência neste mundo.

* * *

Nas almas evolvidas, o sentimento da solidariedade torna-se bastante intenso para se transformar em comunhão perpétua com todos os seres e com Deus.

A alma pura comunga com a natureza inteira; inebria-se nos esplendores da Criação infinita. Tudo: os astros do céu, as flores do prado, a canção do regato, a variedade das paisagens terrestres, os horizontes fugitivos do mar, a serenidade dos espaços, tudo lhe fala uma linguagem harmoniosa. Em todas essas coisas visíveis, a alma atenta descobre a manifestação do pensamento invisível que cobre o cosmos. Este reveste para ela um aspecto encantador. Torna-se o teatro da vida e da comunhão universais, comunhão dos seres uns com os outros e de todos os seres com Deus, seu Pai.

Não há distância entre as almas que se amam, porque se comunicam através da extensão.

O Universo é animado de vida potente: vibra qual uma harpa sob a ação divina. As irradiações do pensamento o percorrem em todos os sentidos e transmitem mensagens de Espírito a Espírito, através do espaço. Esse Universo que Deus povoou de inteligências, a fim de que o conheçam e o amem e cumpram a sua Lei, ele o enche de sua presença, ilumina-o com a sua luz, aquece-o com o seu amor.

A prece é a expressão mais alta dessa comunhão das almas. Considerada sob este aspecto, ela perde toda a analogia com as fórmulas banais, os recitativos monótonos em uso, para se tornar um transporte do coração, um ato da vontade, pelo qual o Espírito se desliga das servidões da matéria, das vulgaridades terrestres, para perscrutar as leis, os mistérios do Poder infinito e a ele submeter-se em todas as coisas: "Pedi e recebereis!". Tomada nesse sentido, a prece é o ato mais importante da vida; é a aspiração ardente do ser humano que sente sua pequenez e sua miséria e procura, pelo menos um instante, pôr as vibrações do seu pensamento em harmonia com a sinfonia eterna. É a obra da meditação que, no recolhimento e no silêncio, eleva a alma até essas alturas celestes onde aumenta as suas forças, onde a impregna das irradiações da Luz e do Amor Divinos. Mas quão poucos sabem orar! As religiões nos fizeram desaprender a prece, transformando-a em exercício ocioso, às vezes ridículo.

Sob a influência do novo espiritualismo, a prece tornar-se-á mais nobre e mais digna; será feita com mais respeito ao Poder supremo, com mais fé, confiança e sinceridade, em completo destaque das coisas materiais. Todas as nossas ansiedades e incertezas cessarão quando tivermos compreendido que a vida é a comunhão universal e que Deus e todos os seus filhos vivem, em conjunto, essa vida. Então, a prece tornar-se-á a linguagem de todos, a irradiação da alma que, em seus transportes, agita o dinamismo espiritual e divino. Seus benefícios se estenderão por todos os seres e particularmente por aqueles que sofrem, pelos ignorados da Terra e do Espaço.

Ela chegará àqueles em quem ninguém pensa e que jazem na sombra, na tristeza e no esquecimento, diante de um passado acusador. Ela originará neles inspirações novas; fortificar-lhes-á o coração e o pensamento — porque a ação da prece não tem limites, e assim as forças e os poderes que ela pode pôr em elaboração para o bem dos outros.

A prece, em verdade, nada pode mudar nas leis imutáveis; ela não poderia, de maneira alguma, mudar os nossos destinos; seu papel é proporcionar-nos socorros e luzes que tornem mais fácil o cumprimento da nossa tarefa terrestre. A prece fervente abre, de par em par, as portas da alma e, por essas aberturas, os raios de força, as irradiações do foco eterno nos penetram e nos vivificam.

Trabalhar com sentimento elevado, visando a um fim útil e generoso, é, ainda, orar. O trabalho é a prece ativa desses milhões de homens que lutam e penam na Terra em benefício da humanidade.

A vida do homem de bem é uma prece contínua, uma comunhão perpétua com seus semelhantes e com Deus. Ele não tem mais necessidade de palavras, nem de formas exteriores para exprimir sua fé: ela se exprime por todos os seus atos e por todos os seus pensamentos. Ele respira e se agita sem esforço em uma atmosfera fluídica cheia de ternura pelos desgraçados, cheia de boa vontade por toda a humanidade. Essa comunhão constante se torna uma necessidade, uma segunda natureza. É graças a ela que todos os Espíritos de eleição se mantêm nas alturas sublimes da inspiração e do gênio.

Os que vivem no organismo e na materialidade e cuja compreensão não está aberta às influências do Alto, esses não podem saber que impressões inefáveis faculta essa comunhão da alma com o Espírito Divino.

Todos aqueles que, vendo a espécie humana deslizar sobre os declives da decadência moral, procuram os meios de sustar sua queda devem esforçar-se por tornar uma realidade essa união estreita de nossas vontades com a Vontade suprema! Não há ascensão possível, encaminhamento para o bem, se, de tempos em tempos, o homem não se volta para o seu Criador e Pai, a fim de Lhe expor suas fraquezas, suas incertezas, sua miséria, para Lhe pedir os socorros espirituais indispensáveis à sua elevação. E quanto mais essa confissão, essa comunhão íntima com Deus for frequente, sincera, profunda, mais a alma se purifica e emenda. Sob o olhar de Deus, ela examina, expande suas intenções, seus sentimentos, seus desejos; passa em revista todos os seus atos e, com essa intuição, que lhe vem do Alto, julga o que é bom ou mau, o que deve destruir ou cultivar. Ela compreende então que tudo quanto de mau vem do "eu" deve ser abatido para dar lugar à abnegação, ao altruísmo; que, no sacrifício de si mesmo, o ser encontra o mais poderoso meio de elevação, porque quanto mais ele se dá, mais se engrandece. Desse sacrifício, faz a lei de sua vida, lei que imprime no mais profundo do seu ser, em traços de luz, a fim de que todas as ações sejam marcadas com o seu cunho.

* * *

De pé sobre a Terra, meu sustentáculo, minha nutriz e minha mãe, elevo os meus olhares para o Infinito, sinto-me envolvido na imensa comunhão da vida; os eflúvios da Alma universal me penetram e fazem vibrar meu pensamento e meu coração; forças poderosas me sustentam, aviventam em mim a existência. Por toda parte onde a minha vista se estende, por toda parte a que a minha inteligência se transporta, vejo, discirno, contemplo a grande harmonia que rege os seres e, por vias diversas, os faz rumar para um fim único e sublime. Por toda parte vejo irradiar a Bondade, o Amor, a Justiça!

Ó meu Deus! Ó meu Pai! Fonte de toda a sabedoria, de todo o amor, Espírito supremo cujo nome é Luz, eu te ofereço meus louvores e minhas aspirações! Que elas subam a ti, qual um perfume de flores, qual sobem para o céu os odores inebriantes dos bosques. Ajuda-me a avançar na senda sagrada do conhecimento, para uma compreensão mais alta de tuas leis, a fim de que se desenvolva em mim mais simpatia, mais amor pela grande família humana; pois sei que, pelo meu aperfeiçoamento moral, pela realização, pela aplicação ativa em torno de mim e, em proveito de todos, da caridade e da bondade, aproximar-me-ei de ti, e merecerei conhecer-te melhor, comungar mais intimamente contigo na grande harmonia dos seres e das coisas. Ajuda-me a desprender-me da vida material, a compreender, a sentir o que é a vida superior, a vida infinita. Dissipa a obscuridade que me envolve; depõe em minha alma uma centelha desse fogo divino que aquece e abrasa os Espíritos das esferas celestes. Que tua doce luz e, com ela, os sentimentos de concórdia e de paz se derramem sobre todos os seres!

IV
As harmonias do espaço

Uma das impressões que nos causa, à noite, a observação dos céus é a de majestoso silêncio, mas esse silêncio é apenas aparente; resulta da impotência dos nossos órgãos.

Para seres mais bem aquinhoados, portadores de sentidos abertos aos ruídos sutis do infinito, todos os mundos vibram, cantam, palpitam, e suas vibrações, combinadas, formam um imenso concerto.

Essa lei das grandes harmonias celestes, podemos observá-la em nossa própria família solar.

Sabe-se que a ordem de sucessão dos planetas no espaço é regulada por uma Lei de Progressão, chamada Lei de Bode.[15] As distâncias dobram, de planeta a planeta, a partir do Sol. Cada grupo de satélites obedece à mesma lei.

Ora, esse modo de progressão tem um princípio e um sentido. Esse princípio se liga ao mesmo tempo às leis do número e da medida, às matemáticas e à harmonia.[16]

As distâncias planetárias são reguladas segundo a ordem moral da progressão harmônica; exprimem a própria ordem das vibrações desses planetas e as harmonias planetárias; calculadas segundo essas regras, resultam em perfeito acordo. Poder-se-ia comparar o sistema solar a uma

---

[15] Johann Elert Bode, astrônomo alemão (1747-1826).
[16] Vide Azbel, *Harmonia dos mundos*.

harpa imensa, da qual os planetas representam as cordas. Seria possível, diz Azbel, "[...] reduzindo a cordas sonoras a progressão das distâncias planetárias, construir um instrumento completo e absolutamente afinado".[17]

No fundo (e nisso reside a maravilha), a lei que rege as relações do som, da luz, do calor é a mesma que rege o movimento, a formação e o equilíbrio das esferas, de igual maneira que lhes regula as distâncias. Essa lei é, ao mesmo tempo, a dos números, das formas e das ideias. É a Lei da Harmonia por excelência: é o pensamento, é a ação divina vislumbrada!

A palavra humana é muito pobre; é insuficiente para exprimir os mistérios adoráveis da harmonia eterna. A escrita musical somente pode fornecer a sua síntese, comunicar a sua impressão estética. A música, idioma divino, exprime o ritmo dos números, das linhas, das formas, dos movimentos. É por ela que as profundezas se animam e vivem. Ela enche com suas ondas o edifício colossal do Universo, templo augusto onde retine o hino da vida infinita.

Pitágoras e Platão acreditavam já perceber "a música das esferas".

No sonho de Cipião, narrado por Cícero em uma das suas belas páginas, que nos legou a Antiguidade, o sonhador entretém-se com a alma de seu pai, Paulo Emílio, e a de seu avô, Cipião, o Africano; contempla com elas as maravilhas celestes, e o diálogo seguinte se estabelece:

"Que harmonia é essa, tão poderosa e tão doce que me penetra?" — pergunta Cipião.

Responde-lhe o avô:

"É a harmonia que, formada de intervalos desiguais, mas combinados, de acordo com justa proporção, resulta do impulso e do movimento das esferas; fundidos os tons graves e os tons agudos em um acorde comum, faz de todas essas notas, tão variadas, um melodioso concerto. Tão grandes movimentos não se podem executar em silêncio."

Quase todos os compositores de gênio que ilustraram a arte musical, assim os Bach, os Beethoven, os Mozart etc., declararam que percebiam harmonias muito superiores a tudo que se pode imaginar, harmonias impossíveis de serem descritas.

Beethoven, enquanto compunha, ficava fora de si, arrebatado numa espécie de êxtase, e escrevia febrilmente, ensaiando em vão reproduzir essa música celeste que o deslumbrava.

---

[17] Vide Azbel, *Harmonia dos mundos*. p. 29.

É preciso uma faculdade psíquica notável para possuir a tal ponto o dom da receptividade. Os raros humanos que a possuem afirmam que, quantos já surpreenderam o sentido musical do Universo, encontraram a forma superior, a expressão ideal da beleza e da harmonia eternas. As mais elevadas concepções do gênero humano são, apenas, um eco longínquo, uma vibração enfraquecida da grande sinfonia dos mundos.

É a fonte dos mais puros gozos do Espírito, o segredo da vida superior, cuja potência e intensidade os nossos sentidos grosseiros nos impedem, ainda, de compreender e sentir.

Para aquele que os pode gozar plenamente, o tempo não tem medida, e a série dos dias inumeráveis não parece mais que um dia.

Mas essas alegrias, ainda ignoradas, no-las dará a evolução, à medida que nos formos elevando na escala das existências e dos mundos.

Já conhecemos médiuns que percebem, em estado de transe, suaves melodias. As lágrimas abundantes que vertem testemunham não serem ilusórias suas sensações.

Voltemos ao estudo do movimento das esferas e notemos que não há, até mesmo tratando das próprias exceções à regra universal de harmonia, e dos desvios aparentes dos planetas, nada há que não se explique e não seja assunto de admiração. Elas constituem espécies de "diálogos de vibrações tão aproximados quanto possível do uníssono" e apresentam um encanto estético a mais nesse prodígio de beleza que é o Universo.

Um exemplo, dos mais incisivos, é o dos pequenos planetas, chamados telescópicos, que evolvem entre Marte e Júpiter, em número de cerca de 520, ocupando um espaço de oitava inteiro, dividido em outros tantos graus; de onde a probabilidade de que esse conjunto de mundículos não constitua, como se tem acreditado, um Universo de destroços, mas o laboratório de muitos mundos em formação, mundos dos quais o estudo do céu nos dirá a gênese futura.

As grandes relações harmônicas que regulam a situação respectiva dos planetas de nosso sistema solar são em número de quatro e encontram sua aplicação:

Em primeiro lugar: do Sol a Mercúrio; nesse ponto também as forças harmônicas estão em trabalho; planetas novos se esboçam.

Depois, de Mercúrio a Marte. É a região dos pequenos planetas, em que se move a nossa Terra, representando o papel de dominante local, com tendência a afastar-se do Sol para se aproximar das harmonias planetárias superiores. Marte, componente desse grupo e do qual podemos distinguir, ao telescópio, os continentes, os mares, os canais gigantescos, todo o aparelho de uma civilização anterior à nossa, Marte, embora menor, é mais bem equilibrado que a nossa morada.

Os 500 planetas telescópicos constituem, em seguida, um intervalo de transição; formam uma espécie de colar de pérolas celestes ligando o grupo de planetas inferiores à imponente cadeia dos grandes planetas, de Júpiter a Netuno, e além. Tal cadeia forma a quarta relação harmônica, de notas decrescentes qual o volume das esferas gigantescas que a compõem. Nesse grupo, Júpiter tem o papel de dominante; os dois mundos, maior e menor, nele se combinam.

> Diz Azbel:[18]
> Semelhantemente à inversão harmônica do som, é por uma progressão constante que o grupo antigo de Netuno e Júpiter afirma a formação de seus volumes. O caos de corpúsculos telescópicos, que segue, fez estacar bruscamente essa progressão. Júpiter lá ficou, qual um segundo sol, no limiar dos dois sistemas. Dos registros de oitava e de segunda dominante, passou ao de tônica secundária e relativa, para exprimir o caráter de registro especial, evidentemente menor e relativo, em paralelo ao do Sol, que ia preencher, enquanto formações mais novas se dispunham aquém, afastando-o, pouco a pouco, e aos mundos seus tutelados, do astro de que é o mais robusto filho.

Robusto, com efeito, e bem imponente em seu curso, esse colossal Júpiter, que gosto de contemplar na calma das noites de verão, mil e duzentas vezes maior que o nosso globo, escoltado por seus cinco satélites, dos quais um, Ganimedes, tem o volume de um planeta. Ereto sobre o plano de sua órbita, de maneira a gozar de igualdade perpétua de temperatura sob todas as latitudes, com dias e noites sempre uniformes em sua duração, é, além disso, composto de elementos de densidade quatro vezes menor que os de nossa maciça morada, o que permite entrever, para os seres que habitam ou terão de habitar Júpiter, facilidades de deslocamento, possibilidades de vida aérea que devem fazer dele uma vivenda

---

[18] Azbel – *Harmonia dos mundos*, p. 13.

de predileção. Que teatro magnífico da vida! que cena de encanto e de sonho esse astro gigante!

Mais estranho, mais maravilhoso ainda é Saturno, cujo aspecto se faz tão impressionante ao telescópio. Saturno é igual a oitocentos globos terrestres amontoados, com seu imenso diadema, em forma de anel, e seus oito satélites, entre os quais Titã, igual em dimensões ao próprio Marte.

Saturno, com o cortejo rico que o acompanha em sua lenta revolução através do espaço, constitui, por si só, um verdadeiro Universo, imagem reduzida do sistema solar. É um mundo de trabalho e de pensamento, de ciência e de arte, onde as manifestações da inteligência e da vida se desenvolvem sob formas de variedade e riqueza inimagináveis. Sua estética é sábia e complicada; o sentimento do belo tornou-se ali mais sutil e mais profundo pelos movimentos alternantes, pelos eclipses dos satélites e dos anéis, por todos os jogos de sombra, de luz, de cores, em que as nuanças se fundem em gradações desconhecidas à vista dos habitantes da Terra, e também por acordes harmônicos, bem comoventes em suas conclusões analógicas com os do Universo solar por inteiro!

Vêm depois, nas fronteiras do império do Sol, Urano e Netuno, planetas misteriosos e magníficos, cujo volume é igual a quase uma centena de globos terrestres reunidos. A nota harmônica de Netuno seria "a culminante do acorde geral, o cimo do acorde maior de todo o sistema". Depois, são outros planetas longínquos, sentinelas perdidas do nosso agrupamento celeste, ainda despercebidos, mas pressentidos e até calculados, segundo as influências que exercem nos confins do nosso sistema, longa cadeia que nos liga a outras famílias de mundos.

Mais longe se desenvolve o imenso oceano estelar, pélago de luz e de harmonia, cujas vagas melodiosas por toda parte envolvem, a embalá-lo, nosso Universo solar, esse Universo para nós tão vasto e tão mesquinho em relação ao Além. É a região do desconhecido, do mistério, que atrai sem cessar o nosso pensamento, sendo este impotente para medir, para definir seus milhões de sóis de todas as grandezas, de todas as potências, seus astros múltiplos, coloridos, focos terríficos que iluminam as profundezas, vertendo em ondas a luz, o calor, a energia, transportados na imensidão com velocidades formidáveis, com seus cortejos de mundos, terras do céu, invisíveis mas suspeitadas, e as famílias humanas que os habitam, os povos e as cidades, as civilizações grandiosas de que são teatro.

Por toda parte as maravilhas sucedem às maravilhas: grupos de sóis animados de colorações estranhas, arquipélagos de astros, cometas desgrenhados, errando na noite de seu afélio, focos moribundos que se acendem de repente e fulgem no fundo do abismo, pálidas nebulosas de forma fantástica, fantasmas luminosos cujas irradiações, diz Herschel, levam 20.000 séculos para chegar até nossa Terra, formidáveis gêneses de universos, berços e túmulos da vida universal, vozes do passado, promessas do futuro, esplendores do infinito!

E todos esses mundos unem suas vibrações em uma poderosa melodia... A alma livre dos raios terrestres, chegada a essas alturas, ouve a voz profunda dos céus eternos!

As relações harmônicas que regem a situação dos planetas no espaço representam, como o estabeleceu Azbel,[19] a extensão do nosso teclado sonoro e se acham conforme a lei das distâncias e dos movimentos. Nosso sistema solar representa uma espécie de edifício de oito andares, isto é, oito oitavas, com uma escadaria formada de 320 degraus ou ondas harmônicas, sobre a qual os planetas estão colocados, ocupando "patamares indicados pela harmonia de um acorde perfeito e múltiplo".

As dissonâncias são apenas aparentes ou transitórias. O acorde encontra-se no fundo de tudo. As regras da nossa harmonia musical parecem ser apenas consequência, aplicação muito imperfeita da Lei da Harmonia soberana que preside à marcha dos mundos. Podemos, pois, crer, logicamente, que a melodia das esferas seria inteligível para o nosso espírito se nossos sentidos pudessem perceber as ondas sonoras que enchem o espaço.[20]

A regra geral, embora absoluta, não é, entretanto, estreita e rígida. Em certos casos, no de Netuno, a harmonia relativa parece afastar-se do princípio; nunca, entretanto, de maneira a sair dele. O estudo dos movimentos planetários fornece a demonstração evidente desse fato.

Nessa ordem de estudos, mais do que em qualquer outra, vemos manifestar-se, em sua imponente grandeza, a lei do belo que rege o Universo. Mal nossa atenção é dirigida para as imensidades siderais, a sensação estética torna-se intensa. Essa sensação vai engrandecer-se agora e crescer, à

---

[19] Azbel – *Harmonia dos mundos*, p. 10.
[20] "O Sr. Emílio Chizat", diz Azbel (*A música no espaço*), "verifica que o jogo de órgão, chamado "vozes celestes", é a aplicação musical intuitiva do papel importante das "ideias de estrela". É provável que manifestações sinfônicas sejam feitas ulteriormente, a este respeito, que poderão reservar ao público impressões inesperadas. Que possam elas levar nossos músicos "terrestres", que se extraviam, a noções um pouco mais altas e reais do sacerdócio da harmonia, que deveriam preencher entre nós."

medida que se precisarem as regras da harmonia universal, à proporção que se levantar para nós o véu que nos oculta os esplendores celestes.

Por toda parte, encontraremos essa concordância que encanta e comove; nesse domínio, nenhuma dessas discordâncias, dessas decepções, tão frequentes no seio da humanidade.

Por toda parte se desdobra essa potência de beleza que leva ao infinito suas combinações, abrangendo em uma igual unidade todas as leis, em todos os sentidos: aritmética, geométrica, estética.

O Universo é um poema sublime do qual começamos a soletrar o primeiro canto. Apenas discernimos algumas notas, alguns murmúrios longínquos e enfraquecidos! Já essas primeiras letras do maravilhoso alfabeto musical nos enchem de entusiasmo. Que será quando, tornados mais dignos de interpretar a divina linguagem, percebermos, compreendermos as grandes harmonias do espaço, o acorde infinito na variedade infinita, o canto modulado por esses milhões de astros que, na diversidade prodigiosa de seus volumes e de seus movimentos, afinam suas vibrações por uma simpatia eterna?

Perguntar-se-á, porém: Que diz essa música celeste, essa voz dos céus profundos?

Essa linguagem ritmada é o Verbo por excelência, aquele pelo qual todos os mundos e todos os seres superiores se comunicam entre si, chamam-se através das distâncias; pelo qual nos comunicaremos um dia com as outras famílias humanas que povoam o espaço estrelado.

É o princípio mesmo das vibrações que servem para traduzir o pensamento, a telegrafia universal, veículo da ideia em todas as regiões do Universo, linguagem das almas elevadas, entretendo-se de um astro a outro com suas obras comuns, com o fim a atingir, com os progressos a realizar.

É ainda um hino que os mundos cantam a Deus, ora cântico de alegria, de adoração, ora de lamentações e de prece; é a grande voz das coisas, o grito de amor que sobe eternamente para a Inteligência ordenadora dos universos.

* * *

Quando, pois, saberemos destacar nossos pensamentos das banalidades cotidianas e elevá-los para os cimos? Quando saberemos penetrar esses mistérios do céu e compreender que cada descobrimento realizado, cada conquista prosseguida nessa senda de luz e de beleza, contribui para enobrecer nosso espírito, para engrandecer nossa vida moral e nos proporcionar alegrias superiores a todas as da matéria?

Quando, pois, compreenderemos que é lá, nesse esplêndido Universo, que nosso próprio destino se desenvolve, e estudá-lo é estudar o próprio meio onde somos chamados a reviver, a evoluer sem cessar, penetrando-nos cada vez mais das harmonias que o enchem? Que em toda parte a vida se expande em florescências de almas? que o espaço é povoado de sociedades sem-número, às quais o ser humano está ligado pelas leis de sua natureza e de seu futuro?

Ah! quanto são de lamentar aqueles que desviam seus olhares desses espetáculos e seu espírito desses problemas! Não há estudo mais impressionante, mais comovente, revelação mais alta da ciência e da arte, mais sublime lição!

Não: o segredo da nossa felicidade, de nosso poder, de nosso futuro, não está nas coisas efêmeras deste mundo; reside nos ensinamentos do Alto, do Além. E os educadores da humanidade são muito inconscientes ou muito culpados, porque não cuidam de elevar as almas para os cimos onde resplandece a verdadeira luz.

Se a dúvida ou a incerteza nos assediam; se a vida nos parece pesada; se tateamos na noite à procura do fim; se pessimismo e tristeza nos invadem; acusemos a nós próprios, porque o grande livro do infinito está aberto aos nossos olhos, com suas páginas magníficas, das quais cada palavra é um grupo de astros, cada letra um sol — o grande livro onde devemos aprender a ler o sublime ensinamento. A verdade ali está, escrita em letras de ouro e de fogo; chama solícita nossos olhos — verdade — realidade mais bela que todas as lendas e todas as ficções.

É ela que nos conta a vida imperecível da alma, suas vidas renascentes na espiral dos mundos, as estações inumeráveis no trajeto radioso, o prosseguimento do eterno bem, a conquista da plena consciência, a alegria de sempre viver para sempre amar, sempre subir, sempre adquirir novas potências, virtudes mais altas, percepções mais vastas. E, acima da possessão da eterna beleza, a felicidade de penetrar as leis, de associar-se mais estreitamente à obra divina e à evolução das humanidades.

Desses magníficos estudos, a ideia de Deus se expande mais majestosa, mais serena. A ciência das harmonias celestes vale um pedestal grandioso sobre o qual se erige a augusta figura — beleza soberana cujo brilho, muito ofuscante para os nossos fracos olhos, fica ainda velado, mas irradia docemente através da obscuridade que a envolve.

Ideia de Deus — centro inefável para onde vergem e se fundem, em síntese sem limites, todas as ciências, todas as artes, todas as verdades superiores —, Tu és a primeira e a última palavra das coisas presentes ou passadas, próximas ou longínquas; Tu és a própria Lei, a causa única de todas as coisas, a união absoluta, fundamental, do bem e do belo, que reclama o pensamento, que exige a consciência e na qual a alma humana acha a sua razão de ser e a fonte inesgotável de suas forças, de suas luzes, de suas inspirações.

V
Necessidade da ideia de Deus

Nos capítulos precedentes, demonstramos a necessidade da ideia de Deus. Ela se afirma e se impõe, fora e acima de todos os sistemas, de todas as filosofias, de todas as crenças. É também livre de todo o liame com qualquer religião, a cujo estudo nos entreguemos, na independência absoluta de nosso pensamento e de nossa consciência.

Deus é maior que todas as teorias e todos os sistemas. Eis a razão por que não pode Ele ser atingido, nem minorado pelos erros e faltas que os homens têm cometido em seu nome.

Deus é soberano a tudo.

O Ser divino escapa a toda a denominação e a qualquer medida, e, se lhe chamamos Deus, é por falta de um nome maior, assim o disse Victor Hugo.

A questão de Deus é o mais grave de todos os problemas suspensos sobre nossas cabeças e cuja solução se liga, de maneira estrita, imperiosa, ao problema do ser humano e de seu destino, ao problema da vida individual e da vida social.

O conhecimento da verdade sobre Deus, sobre o mundo e a vida é o que há de mais essencial, de mais necessário, porque é Ele que nos sustenta, nos inspira e nos dirige, mesmo à nossa revelia. E essa verdade não é inacessível, como veremos; é simples e clara; está ao alcance de todos. Basta procurá-la, sem preconceitos, sem reservas, ao lado da consciência e da razão.

Não lembraremos aqui as teorias e os sistemas inúmeros que as religiões e as escolas filosóficas arquitetaram através dos séculos. Pouco nos importam hoje as controvérsias, as cóleras, as agitações vãs do passado.

Para elucidar tal assunto, temos agora recursos mais elevados que os do pensamento humano; temos o ensino daqueles que deixaram a Terra, a apreciação das almas que, tendo franqueado o túmulo, nos fazem ouvir, do fundo do Mundo Invisível, seus conselhos, seus apelos, suas exortações.

Verdade é que nem todos os Espíritos são igualmente aptos a tratar dessas questões. Acontece com os Espíritos de Além-Túmulo o mesmo que com os homens. Nem todos estão igualmente desenvolvidos; não chegaram todos ao mesmo grau de evolução. Daí as contradições, as diferenças de vistas. Acima, porém, da multidão das almas obscuras, ignorantes, atrasadas, há Espíritos eminentes, descidos das esferas para esclarecer e guiar a humanidade.

Ora, que dizem esses Espíritos sobre a questão de Deus?

A existência da Potência suprema é afirmada por todos os Espíritos elevados. Aqueles, dentre nós, que têm estudado o Espiritismo filosófico sabem que todos os grandes Espíritos, todos aqueles cujos ensinamentos têm reconfortado as nossas almas, mitigado nossas misérias, sustentado nossos desfalecimentos, são unânimes em afirmar, em repetir, em reconhecer a alta Inteligência que governa os seres e os mundos. Eles dizem que essa Inteligência se revela mais brilhante e mais sublime à medida que se escalam os degraus da vida espiritual.

O mesmo se dá com os escritores e filósofos espíritas, desde Allan Kardec até nossos dias. Todos afirmam a existência de uma causa eterna no Universo.

"Não há efeito sem causa", disse Allan Kardec, "e todo efeito inteligente tem forçosamente uma causa inteligente."[21] Eis o princípio sobre o qual repousa o Espiritismo inteiro. Esse princípio, quando o aplicamos às manifestações de Além-Túmulo, demonstra a existência dos Espíritos. Aplicado, ao estudo do mundo e das leis universais, demonstra a existência de uma causa inteligente no Universo. Eis por que a existência de Deus constitui um dos pontos essenciais do ensino espírita. Acrescento que é inseparável do resto desse ensino, porque, neste último, tudo se liga, tudo se

---

[21] *O livro dos espíritos,* Primeira parte, Provas da existência de Deus.

coordena e se encadeia. Que não nos falem de dogmas! O Espiritismo não os comporta. Ele nada impõe; ensina. Todo ensino tem seus princípios. A ideia de Deus é um dos princípios fundamentais do Espiritismo.

Dizem-nos frequentemente: "Para que nos ocuparmos dessa questão de Deus? A existência de Deus não pode ser provada". Ou ainda: "A existência de Deus ou sua não existência é sem predomínio sobre a vida das massas e da humanidade. Ocupemo-nos de alguma coisa mais prática; não percamos nosso tempo em dissertações vãs, em discussões metafísicas". Pois bem! Em que pese àqueles que mantêm essa linguagem, repetirei que é questão vital por excelência; responderei que o homem não se pode desinteressar dela, porque o homem é um ser. O homem vive, e importa-lhe saber qual é a fonte, qual é a causa, qual é a lei da vida. A opinião que tem sobre a causa, sobre a lei do Universo, essa opinião, quer ele queira ou não, quer saiba ou não, se reflete em seus atos, em toda a sua vida pública ou particular.

Qualquer que seja a ignorância do homem no que respeita às leis superiores, na realidade — é segundo a ideia que forma dessas leis, por mais vaga e confusa que possa ser tal concepção —, é de conformidade com essa ideia que a criatura age. Dessa opinião — sobre Deus, sobre o mundo e sobre a vida (notai que esses três assuntos são inseparáveis) —, dessa opinião, as sociedades humanas vivem ou morrem! É ela que divide a humanidade em dois campos.

Por toda parte, veem-se famílias em desacordo, em desunião intelectual, porque há muitos sistemas acerca de Deus: o padre inculca um à mulher; o professor ensina outro ao homem, quando não lhe sugere a ideia do nada.

Essas polêmicas e essas contradições explicam-se, entretanto. Têm sua razão de ser. Devemo-nos lembrar de que nem todas as inteligências chegaram ao mesmo ponto de evolução; que nem todos podem ver e compreender de igual modo e no mesmo sentido. Daí, tantas opiniões e crenças diversas.

A possibilidade que temos de compreender, de julgar e de discernir só se desenvolve lentamente, de séculos em séculos, de existências em existências. Nosso conhecimento e nossa compreensão das coisas se completam e tornam claros, à medida que nos elevamos na escala imensa dos renascimentos. Todos sabem que alguém, colocado ao pé da montanha, não pode descortinar o mesmo panorama aberto ao que já chegou ao vértice; mas, prosseguindo sua ascensão, um chegará a ver as mesmas coisas que o outro. O mesmo acontece com o Espírito em sua ascensão gradual. O Universo não se revela senão pouco a pouco, à medida que a capacidade de lhe compreender as leis se desenvolve e engrandece o indivíduo.

Daí vêm os sistemas, as escolas filosóficas e religiosas, que correspondem aos diversos graus de adiantamento dos Espíritos que nuns e noutros se filiam e, muitas vezes, aí se insulam.

VI
As leis universais

Repitamos: todas as obras científicas produzidas há meio século nos demonstram a existência e a ação das leis naturais. Essas leis estão ligadas por uma outra, superior, que as abrange inteiramente, regularizando-as e elevando-as à unidade, à ordem e à harmonia. É por essas leis, sábias e profundas, ordenadoras e organizadoras do Universo, que a Inteligência suprema se revela.

Certos sábios objetam, na verdade, que as leis universais são cegas. Mas de que forma leis cegas poderiam dirigir a marcha dos mundos no espaço, regular todos os fenômenos, todas as manifestações da vida, e isso com precisão admirável? Se as leis são cegas, diremos, evidentemente, devem agir ao acaso. Mas o acaso é a falta de direção e a ausência de toda inteligência atuante. É, pois, o acaso inconciliável com a noção de ordem e de harmonia.

A ideia da lei nos parece, portanto, inseparável da ideia da inteligência, porque é obra de um pensamento. Somente este pode dispor e ordenar todas as coisas no Universo. E o pensamento não se pode produzir sem a existência de um ser que seja o seu gerador.

Não há lei possível fora e sem o concurso da inteligência e da vontade que a dirige. De outra forma, a lei seria cega, como opinam os materialistas; iria ao acaso, à mercê da corrente. Seria exatamente qual um homem que dissesse seguir certa estrada sem o socorro da vista: cairia em qualquer fosso depois de dar alguns passos. Assim nos é permitido afirmar que uma lei cega não seria mais lei.

Acabamos de ver que as pesquisas da ciência demonstram a existência das leis universais. Todos os dias, essa ciência se adianta, não raro a contragosto, é verdade; mas, enfim, avança, pouco a pouco, para a grande unidade que entrevemos no fundo das coisas.

Não há, sem excetuar mesmo os próprios positivistas e os materialistas, quem não seja arrastado por esse movimento de ideias. Encaminham-se, sem disso se aperceberem, para a percepção grandiosa que reúne todas as forças, todas as leis do Universo. Com efeito, poder-se-ia provar que Auguste Comte, Littré, o Dr. Robinet, toda a escola positivista, em suma, se entrega a respeito desses assuntos às mais flagrantes contradições. Rejeitam a ideia do absoluto, a de uma causa geradora, e proclamam e até provam que "a matéria é a manifestação sensível de um princípio universal". Na opinião deles, "todas as ciências se superpõem e acabam reunindo-se em uma generalidade suprema que põe o selo em sua unidade". Segundo Burnouf, "a ciência está prestes a chegar a uma teoria, cuja fórmula geral confirmaria a unidade da substância, a invariabilidade da vida e sua união indissolúvel com o pensamento".

Ora, que vem a ser essa trilogia da substância, da vida, do pensamento, essa "generalidade suprema, essa lei universal, esse princípio único", que preside a todos os fenômenos da natureza, a todas as metamorfoses, a todos os atos da vida, a todas as inspirações do Espírito? Que é, pois, um centro no qual se resume e se confunde tudo — que é tudo que vive, tudo que pensa? Que é, senão o absoluto, senão o próprio Deus?! É verdade que se obstinam a recusar a inteligência e a consciência a esse absoluto, a essa causa suprema; mas ficará sempre por explicar de que modo uma causa inteligente — cega, inconsciente — pôde produzir todas as magnificências do cosmos, todos os esplendores da inteligência, da luz, da vida, sem saber que o fazia. Como — sem consciência, nem vontade, sem reflexão, nem julgamento — pôde produzir seres que refletem, querem, julgam, dotados de consciência e de razão?!

Tudo vem de Deus e remonta a ele. Um fluido mais sutil que o éter emana do pensamento criador. Esse fluido, muito quintessenciado para ser apreendido pela nossa compreensão, em consequência de combinações sucessivas, tornou-se o éter. Do éter saíram todas as formas graduadas da matéria e da vida. Chegadas ao ponto extremo da descida, a substância e a vida remontam ao ciclo imenso das evoluções.

Já o vimos, a ordem e a majestade do Universo não se revelam somente no movimento dos astros, na marcha dos mundos; revelam-se também, de modo imponente, na evolução e no desenvolvimento da vida na superfície desses mundos. Hoje, pode-se estabelecer que a vida se desenvolve, se transforma e se apura segundo um plano preconcebido; se aperfeiçoa à medida que percorre sua órbita imensa. Começa-se a compreender que tudo está regulado em vista de um fim, e esse fim é a progressão do ser; é o crescimento contínuo e a realização de formas sempre perfeitas, de beleza, de sabedoria, de moralidade.

Pode-se observar em torno de nós essa lei majestosa do progresso por meio de todo o lento trabalho da natureza; desde as formas inferiores, desde os infinitamente pequenos, os infusórios que flutuam nas águas, elevando-se, de grau em grau, na escala das espécies, até o homem. O instinto torna-se sensibilidade, inteligência, consciência, razão. Sabemos também que essa ascensão não para aí. Graças aos ensinamentos do Além, aprendemos que prossegue, através dos mundos invisíveis, sob formas cada vez mais sutis, e prossegue, de potência em potência, de glória em glória, até o Infinito, até Deus. E essa ascensão grandiosa da vida só se explica pela existência de uma causa inteligente, de uma energia incessante, que penetra e envolve toda a natureza: é quem rege e estimula essa evolução colossal da vida para o bem, para o belo, para o perfeito!

O mesmo acontece no domínio moral. Nossas existências se sucedem e se desenrolam através dos séculos. Os acontecimentos se seguem sem que vejamos o laço que os liga. Mas a justiça imanente paira sobre todas as coisas: fixa a nossa sorte, segundo uma lei, segundo um princípio infalível. Pensamento, palavras, ações, tudo se encadeia, tudo está ligado por uma série de causas e efeitos que formam a trama de nossos destinos."[22] Insistamos neste ponto: é graças à revelação dos Espíritos que a Lei de Justiça nos apareceu com esse caráter imponente, com suas vastas consequências e o encadeamento prodigioso das coisas que domina e rege.

* * *

---

[22] Vide Léon Denis, *O problema do ser, do destino e da dor.*

Quando estudamos o problema da vida futura, quando examinamos a situação do Espírito depois da morte — e é esse o objeto capital das pesquisas psíquicas —, encontramo-nos em presença de um fato considerável, pleno de consequências morais. Verifica-se um estado de coisas que é regulado por uma Lei de Equilíbrio e de Harmonia.

Logo que a alma transpõe a morte, desde que desperta no Mundo dos Espíritos, o quadro de suas vidas passadas se desenrola, pouco a pouco, à sua vista. Ela se mira em um espelho que reflete fielmente todos os atos passados, para acusar ou glorificar. Nada de distração, nada de fuga possível. O Espírito é obrigado a contemplar-se, primeiramente, para se reconhecer ou para sofrer e, mais tarde, para se preparar. Daí, para a maior parte, o remorso, a vergonha e a amargura!

Os ensinamentos de Além-Túmulo nos fazem saber que nada se perde, nem o bem, nem o mal; e sim que tudo se inscreve, se repara, se resgata, por meio de outras existências terrestres, difíceis e dolorosas.

Aprendemos igualmente que nenhum esforço é perdido e que nenhum sofrimento é inútil. O dever não é palavra vã, e o bem reina sem partilha acima de tudo. Cada um constrói dia por dia, hora por hora, muitas vezes sem o saber, seu próprio futuro. A sorte que nos cabe na vida atual foi preparada pelas nossas ações anteriores; da mesma forma edificamos no presente as condições da existência futura. Daí para o sábio a resignação ao que lhe é inevitável na vida presente; daí também o estimulante poderoso para agir, devotar-se, preparando para si próprio um destino melhor.

Quantos isso conhecem não se encherão de medo, pensando no que está reservado à sociedade atual, cujos pensamentos, tendências e atos são muitas vezes inspirados pelo egoísmo ou por paixões más? À sociedade atual, que acumula, assim, acima dela, sombrias nuvens fluídicas que trazem a tempestade em seu dorso?

Como não estremecermos em presença de tantos desfalecimentos morais, diante de tantas corrupções ostensivas? Como não estremecer, verificando que o sentimento do bem encontra tão pouco lugar em certas consciências? Como não estremecer, enfim, ao constatar, no fundo de tantas almas, o amor desenfreado pelos gozos, a cupidez ou o ódio?! E se sentimos isso, como hesitar na afirmativa, à face de todos, para fazer conhecida de todos essa Lei de Justiça que os ensinamentos do Além nos mostram tão grande, tão importante; essa lei que se executa por si mesma, sem tribunal e sem julgamento, mas à qual não escapa, no entanto, nenhum de nossos atos; lei que nos revela uma inteligência diretora do mundo moral; lei viva, razão consciente do Universo, fonte de toda a vida, de todas as leis, de toda a perfeição!

Eis o que é Deus. Quando essa ideia de Deus tiver penetrado no ensino, e, daí, nos espíritos e nas consciências, compreender-se-á que o espírito de justiça não é mais do que o instrumento admirável pelo qual a Causa suprema leva tudo à ordem e à harmonia, e sentir-se-á que essa ideia de Deus é indispensável às sociedades modernas, que se abatem e perecem moralmente porque, não compreendendo Deus, não se podem regenerar. Então, todos os pensamentos e todas as consciências se voltarão para esse foco moral, para essa fonte de eterna justiça — que é Deus —, e ver-se-á transformar a face do mundo.

A justiça não é somente de origem social, qual a revolução de 1789 procurou estabelecer. Ela vem de mais alto: é de origem divina. Se os homens são iguais diante da lei humana é porque são iguais diante da Lei Eterna.

E assim é porque saímos todos da mesma fonte de inteligência e de consciência; somos todos irmãos, solidários uns com os outros, unidos em nossos destinos imortais — porque a solidariedade e a fraternidade dos seres só são possíveis quando estes se sentem ligados a um mesmo centro comum.

Somos filhos de um mesmo Pai, porque a alma humana é emanação da Alma Divina, uma centelha do Pensamento eterno.

* * *

Tudo nos fala de Deus, o visível e o invisível. A inteligência o discerne; a razão e a inteligência o proclamam.

Mas o homem não é somente razão e consciência: é também amor. O que caracteriza o ser humano, acima de tudo, é o sentimento, é o coração. O sentimento é privilégio da alma; por ele a alma se liga ao que é bom, belo e grande, a tudo que merece sua confiança e pode ser sustentáculo na dúvida, consolação na desgraça. Ora, todos esses modos de sentir e de conceber nos revelam igualmente Deus, porque a bondade, a beleza e a verdade só se acham no ser humano em estado parcial, limitado, incompleto. A bondade, a beleza e a verdade só podem existir sob a condição de encontrar seu princípio, plenitude e origem em um ser que as possua no estado superior, no estado infinito.

A ideia de Deus impõe-se por todas as faculdades do nosso Espírito, ao mesmo tempo que fala aos nossos olhos por todos os esplendores do Universo. A Inteligência suprema se revela a Causa eterna, na qual todos os seres vêm haurir a força, a luz e a vida. Aí está o Espírito Divino, o Espírito potente, que se venera sob tantas denominações; mas, sob todos esses nomes, é sempre o centro, a Lei viva, a razão pela qual os seres e os mundos se sentem viver, se conhecem, se renovam e elevam.

Deus nos fala por todas as vozes do Infinito. E fala, não em uma Bíblia escrita há séculos, mas em uma bíblia que se escreve todos os dias, com esses característicos majestosos, que se chamam oceanos, montanhas e astros do céu; por todas as harmonias, doces e graves, que sobem do imo da Terra ou descem dos espaços etéreos. Fala ainda no santuário do ser, nas horas de silêncio e de meditação. Quando os ruídos discordantes da vida material se calam, então a voz interior, a grande voz desperta e se faz ouvir. Essa voz sai da profundeza da consciência e nos fala dos deveres, do progresso, da ascensão da criatura. Há em nós uma espécie de retiro íntimo, uma fonte profunda de onde podem jorrar ondas de vida, de amor, de virtude, de luz. Ali se manifesta esse reflexo, esse gérmen divino, escondido em toda alma humana.

Por isso a alma humana se constitui o mais belo testemunho que se eleva em favor da existência de Deus; é uma irradiação da Alma Divina. Contém, em estado de embrião, todas as potências, e seu papel, seu destino consiste em valorizá-las no curso de inúmeras existências, em suas transmigrações através dos tempos e dos mundos.

O ser humano, dotado de razão, é responsável, é suscetível de se conhecer e tem o dever de se governar. Como disse João Evangelista: "A razão humana é essa verdadeira luz que esclarece todo homem que vem ao mundo" (*João*, 1:9). A razão humana, dissemos, é uma centelha de Razão Divina.

É subindo à sua origem, é comunicando com a Razão absoluta, eterna, que a alma humana descobre a verdade e compreende a ordem e a lei universais. Assim direi a todos: Homens, filhos da luz, ó meus irmãos! lembremo-nos da nossa origem; lembremo-nos do fim, durante a viagem da vida! Desprendamo-nos das coisas que passam; liguemo-nos às que permanecem!

Não há dois princípios no mundo: o bem e o mal. O mal é feito de contraste, qual a noite o é do dia. Não tem existência própria. O mal é o estado de inferioridade e de ignorância do ser em caminho de evolução.

Os primeiros degraus da escada imensa representam o que se chama o mal; mas, à medida que o ser se eleva, realiza o bem em si e em torno de si — o mal se vai atenuando e depois se desvanece. O mal é a ausência do bem. Se parece dominar ainda em nosso planeta, é porque este é um dos primeiros anéis da cadeia, morada de almas elementares que estreiam na rude senda do conhecimento, ou, então, de almas culpadas, em rumo de reparação. Nos mundos mais adiantados, o bem se expande e, de grau em grau, acaba reinando sem partilha.

O bem é indefinível por si mesmo. Defini-lo seria minorá-lo. É preciso considerá-lo, não em sua natureza, mas em suas manifestações.

Acima das essências, das formas e das ideias, paira o princípio do belo e do bem, último termo que somos capazes de atingir pelo pensamento, sem o abranger, todavia. Reside em nossa pequenez a impossibilidade de apreender a existência última das coisas, mas a sensibilidade, a inteligência e o conhecimento são outros tantos pontos de apoio que permitem à alma desprender-se do seu estado de inferioridade e de incerteza e convencer-se de que tudo no Universo, as forças e os seres, tudo é regido pelo bem e pelo belo. A ordem e a majestade do mundo, ordem física e ordem moral, justiça, liberdade, moralidade, tudo repousa sobre leis eternas; não há leis eternas sem um Princípio superior, sem uma Razão primeira, Causa de toda a lei. Também o ser humano, tanto quanto a sociedade, não pode engrandecer-se e progredir sem a ideia de Deus, isto é, sem justiça, sem liberdade, sem respeito por si mesmo, sem amor; porque Deus, representando a perfeição, é a última palavra, a suprema garantia de tudo quanto constitui a beleza, a grandeza da vida, de tudo que faz a potência e a harmonia do Universo!

VII
A ideia de Deus e a experimentação psíquica

Até aqui, em nosso estudo da questão de Deus, mantivemo-nos no terreno dos princípios.

Nesse domínio, a ideia de Deus nos aparece qual chave da abóbada da Doutrina Espiritualista. Vejamos agora se não tem importância igual no domínio dos fatos, na ordem experimental.[23]

À primeira vista, pode parecer estranho ouvir dizer que a ideia de Deus representa papel importante no estudo experimental, na observação dos fatos espíritas.

Notemos primeiramente que há tendência, por parte de certos grupos, para dar ao Espiritismo caráter sobremaneira experimental para fazer-se exclusivamente o estudo dos fenômenos, desprezando-se o que tem cunho filosófico, tendência para rejeitar tudo que possa recordar, por pouco que seja, as doutrinas do passado, para, em suma, limitar tudo ao terreno científico. Nesses meios, procura-se afastar a crença e a afirmação de Deus, por supérfluas, ou, ao menos, por serem de demonstração impossível. Pensa-se, assim, atrair os homens de ciência, os positivistas, os livres-pensadores,

---

[23] Vide minhas obras precedentes: *Cristianismo e espiritismo* e *No invisível*; e também *Médiuns e espíritos: tratado de Espiritismo experimental*.

todos aqueles que sentem uma espécie de aversão pelo sentimento religioso, por tudo que tem certa aparência mística ou doutrinal.

Por outro lado, desejar-se-ia fazer do Espiritismo um ensino filosófico e moral, baseado nos fatos, ensino suscetível de substituir as velhas doutrinas, os sistemas caducos, e satisfazer o grande número de almas que buscam, antes de tudo, consolações para as suas dores; uma filosofia simples, popular, que lhes dê repouso nas tristezas da vida.

De um lado e de outro, há multidões a contentar; muito mais, até, de um lado que do outro, porque a multidão daqueles que lutam e sofrem excede de muito a dos homens de estudo.

A sustentar essas duas teses, vemos, de uma parte e de outra, homens sinceros e convencidos, a cujas qualidades nos congratulamos de render homenagem.

Por quem optar? Em que sentido convirá orientar o Espiritismo para assegurar a sua evolução?

O resultado de nossas pesquisas e de nossas observações nos leva a reconhecer que a grandeza do Espiritismo, a influência que adquire sobre as massas provém, principalmente, de sua doutrina; os fatos são os fundamentos em que o edifício se apoia. Certamente, as fundações representam papel essencial em todo edifício; mas não é nas fundações, isto é, nas estruturas subterrâneas, que o pensamento e a consciência podem achar abrigo.

A nossos olhos, a missão real do Espiritismo não é somente esclarecer as inteligências por um conhecimento mais preciso e mais completo das leis físicas do mundo; tal consiste, primacialmente, em desenvolver a vida moral nos homens, a vida moral que o materialismo e o sensualismo têm amesquinhado muito. Levantar os caracteres e fortificar as consciências, tal é o papel do Espiritismo. Sob esse ponto de vista, pode ser remédio eficaz aos males que assediam a sociedade contemporânea, remédio a esse acréscimo inaudito do egoísmo e das paixões que nos arrastam aos abismos. Julgamos dever exprimir aqui nossa inteira convicção: não é fazendo do Espiritismo somente uma ciência positiva, experimental; não é eliminando nele o que há de elevado, o que atrai o pensamento acima dos horizontes estreitos, isto é, a ideia de Deus, o uso da prece, que se facilitará a sua missão; ao contrário, concorrer-se-ia para tornar estéril, sem ação sobre o progresso das massas.

Certamente, ninguém mais do que nós admira as conquistas da ciência; sempre tivemos prazer de render justiça aos esforços corajosos dos sábios que fizeram recuar cada dia os limites do desconhecido. Mas a ciência não é tudo. Sem dúvida, ela tem contribuído para esclarecer a humanidade; entretanto, tem-se mostrado sempre impotente para a tornar mais feliz e melhor.

A grandeza do espírito humano não consiste somente no conhecimento; está também no ideal elevado. Não foi a ciência, e sim o sentimento, a fé e o entusiasmo que fizeram Joana d'Arc e todas as grandes epopeias da história.

Os enviados do Alto, os grandes predestinados, os videntes e os profetas não escolheram por móvel a ciência: escolheram a crença.

Eles vieram para mostrar o caminho que conduz a Deus.

Que é feito da ciência do passado? As vagas do esquecimento a submergiram, tal qual submergirão a ciência de nossos dias. Quais serão os métodos e as teorias contemporâneas em vinte séculos? Em compensação, os nomes dos grandes missionários têm sobrevivido através dos tempos. O que sobrevive a tudo, no desastre das civilizações, é o que eleva a alma humana acima de si mesma para um fim sublime, para Deus!

Há outra coisa mais. Mesmo nos limitando ao terreno do estudo experimental, há uma consideração capital em que devemos inspirar-nos. É a natureza das relações que existem entre os homens e o Mundo dos Espíritos; é o estudo das condições a preencher para tirar dessas relações os melhores efeitos.

Desde que chegamos aos ditos fenômenos, ficamos impressionados pela composição desse Mundo Invisível que nos cerca, pelo caráter das multidões de Espíritos que nos rodeiam e que procuram sem cessar pôr-se em relação com os homens. Em torno do nosso atrasado planeta, flutua uma vida poderosa, invisível, em que dominam os Espíritos levianos e motejadores, com os quais se misturam Espíritos perversos e malfazejos. Ali há muitos apaixonados, cheios de vícios, criminosos. Deixaram a Terra com a alma repleta de ódio, com o pensamento saturado de vingança: esperam na sombra o momento propício para satisfazer seus rancores, suas fúrias, à custa dos experimentadores imprudentes e improvidentes que, sem precaução, sem reserva, abrem de par em par as vias que fazem comunicar o nosso mundo com o dos Espíritos.

É desse meio que nos vêm as mistificações sem-número, os embustes audaciosos, as manobras bem conhecidas dos Espíritos experimentados, manobras pérfidas que, em certos casos, conduzem os médiuns à obsessão, à possessão, à perda de suas mais belas faculdades, a tal ponto que certos críticos, fazendo a enumeração das vítimas desses fatos, contando todos os abusos que decorrem de uma prática inconsiderada e frívola do Espiritismo, têm perguntado se não seria ele uma fonte de perigos, de misérias, uma nova causa de decadência para a humanidade.[24]

Felizmente, ao lado do mal está o remédio. Para nos livrar das influências más, existe um recurso supremo. Possuímos um meio poderoso para afastar os Espíritos do abismo e para fazer do Espiritismo um elemento de regeneração, um sustentáculo, um confortante. Esse recurso, esse preservativo é a prece, é o pensamento dirigido para Deus! O pensamento de Deus é qual uma luz que dissipa a sombra e afasta os Espíritos das trevas; é uma arma que dispersa os Espíritos malfazejos e nos preserva de seus embustes. A prece, quando é ardente, improvisada — e não recitação monótona —, tem um poder dinâmico e magnético considerável[25]; ela atrai os Espíritos elevados e nos assegura a sua proteção. Graças a eles podemos sempre comunicar com aqueles que nos amaram na Terra, aqueles que foram a carne da nossa carne, o sangue do nosso sangue e que, da sombra do Espaço, nos estendem os seus braços.

Temos verificado, muitas vezes, em nossa carreira já longa de experimentador: quando, em uma reunião espírita, todos os pensamentos e vontades se unem em um transporte poderoso, em uma convicção profunda; quando sobem para Deus pela prece, jamais falha o socorro. Todas essas vontades reunidas constituem um feixe de forças, arma segura contra o mal. Ao apelo que se eleva para o Céu, há sempre algum Espírito de escol que responde. Esse Espírito Protetor, a convite do Alto, vem dirigir nossos trabalhos, afastar dali os Espíritos inferiores, deixando somente intervir aqueles cujas manifestações são úteis para eles próprios ou para os encarnados.

Há aí um princípio infalível. Com o pensamento purificado e a elevação para Deus, o Espiritismo experimental pode ser uma luz, uma força moral, uma fonte de consolações.

---

[24] Vide J. Maxwell, *Fenômenos psíquicos*, p. 232 a 235; Léon Denis, *No Invisível*, cap. XXII. Vide também Relatório do Congresso Espírita de Bruxelas, 1910, p. 112 e 124.
[25] Obtemos a prova objetiva desse fato por meio das chapas fotográficas. No estado de prece, pelo contato dos dedos, conseguimos impregnar as chapas de radiações muito mais ativas de eflúvios mais intensos do que no estado normal.

Sem elas, é a incerteza, a porta aberta a todas as armadilhas do invisível. É uma entrada franca a todas as influências, a todos os sopros do abismo, a esses sopros de ódio, a essas tempestades do mal que passam sobre a humanidade, à semelhança de trombas, e a cobrem de desordem e de ruínas.

Sim, é bom, é necessário abrir veredas para comunicar com o Mundo dos Espíritos; mas, antes de tudo, deve-se evitar que essas veredas sirvam a nossos inimigos para nos invadirem. Lembremo-nos de que há no Mundo Invisível muitos elementos impuros. Dar-lhes entrada seria derramar sobre a Terra males inúmeros; seria entregar aos Espíritos perversos uma verdadeira multidão de almas fracas e desarmadas.

Para entrar em relações com as Potências superiores, com os Espíritos esclarecidos, é preciso a vontade e a fé, o desinteresse absoluto e a elevação dos pensamentos. Fora dessas condições, o experimentador seria o joguete dos Espíritos levianos.

"O que se assemelha se ajusta", diz o provérbio. Com efeito, a lei das afinidades rege tanto o mundo das almas quanto o dos corpos.

Há, pois, necessidade, assim sob o ponto de vista teórico, assim sob o ponto de vista prático, necessidade, e ainda, sob o ponto de vista do progresso do Espiritismo, de desenvolver o senso moral, de nos ligarmos às crenças fortes, aos princípios superiores; necessidade de não abusar das evocações, de não entrar em comunicação com os Espíritos senão em condições de recolhimento e de paz moral.

O Espiritismo foi dado ao homem como meio de se esclarecer, de se melhorar, de adquirir qualidades indispensáveis à sua evolução. Se se destruíssem nas almas ou somente se se desprezassem a ideia de Deus e as aspirações elevadas, o Espiritismo poder-se-ia tornar coisa perigosa. Eis a razão por que não hesitamos em dizer que nos entregarmos às práticas espíritas sem purificar nossos pensamentos, sem os fortificar pela prece e pela fé, seria executar obra funesta, cuja responsabilidade poderia cair pesadamente sobre seus autores.

* * *

Chegamos agora a um ponto particularmente delicado da questão. Exprobra-se muitas vezes aos espíritas não viverem sempre em harmonia com os seus princípios; fazem observar que entre eles o sensualismo, os apetites materiais e o amor do lucro ocupam lugar muitas vezes considerável. Acusam-nos, principalmente, de divisões intestinas, rivalidades de grupos e de pessoas, que são grandes obstáculos à organização das forças espíritas e à sua marcha para diante.

Não nos convém insistir sobre essas proposições; não queremos pronunciar aqui nenhum juízo desfavorável para quem quer que seja. Permita-se-nos somente fazer notar que não seria reduzido o Espiritismo ao papel de simples ciência de observação que se conseguiria iludir, atenuar essas fraquezas. Ao contrário, não faríamos mais que as agravar. O Espiritismo exclusivamente experimental não teria mais autoridade, nem força moral necessárias para ligar as almas. Alguns supõem ver no afastamento da ideia de Deus uma aproveitável medida ao Espiritismo. Por nossa parte, diremos que é a insuficiência atual dessa noção e, ao mesmo tempo, a insuficiência dos nobres sentimentos e das altas aspirações, que produzem a falta de coesão e criam as dificuldades da organização do Espiritismo.

Desde que a ideia de Deus se enfraquece em uma alma, a noção do "eu", isto é, da personalidade, aumenta logo; e aumenta a ponto de se tornar tirânica e absorvente. Uma dessas noções não cresce e se fortifica senão em detrimento da outra. Quem não adora a Deus, adora-se a si mesmo, disse um pensador.

O que é bom para os meios de experimentação espírita é bom para a sociedade inteira. A ideia de Deus — nós o demonstramos — liga-se estreitamente à ideia de lei, e assim à de dever e de sacrifício. A ideia de Deus liga-se a todas as noções indispensáveis à ordem, à harmonia, à elevação dos seres e das sociedades. Eis por que, logo que a ideia de Deus se enfraquece, todas essas noções se debilitam, desaparecem, pouco a pouco, para dar lugar ao personalismo, à presunção, ao ódio por toda autoridade, por toda direção, por toda lei superior. E é assim que, pouco a pouco, grau por grau, se chega a esse estado social que se traduz por uma divisa célebre, divisa que ouvimos ecoar em toda parte: nem Deus, nem Senhor!

Tem-se de tal modo abusado da ideia de Deus através dos séculos; tem-se torturado, imolado, em seu nome, tantas inocentes vítimas; em nome de Deus tem-se de tal modo regado o mundo de sangue humano, que o homem moderno se desviou dele. Tememos muito que a responsabilidade desse estado de coisas recaia sobre aqueles que fizeram do Deus de bondade e de eterna misericórdia um Deus de vingança e de terror. Mas não nos compete estabelecer responsabilidades. Nosso fim é, antes, procurar um terreno de conciliação e de aproximação em que todos os bons Espíritos se possam reunir.

Seja como for, os homens modernos, em grande maioria, não querem mais suportar acima deles nem Deus, nem lei, nem constrangimento; não querem mais compreender que a liberdade, sem a sabedoria e sem a razão, é impraticável. A liberdade, sem a virtude, leva à licença, e a licença conduz à corrupção, ao rebaixamento dos caracteres e das consciências, em uma palavra, à anarquia. Será somente quando tivermos atravessado novas e mais rudes provas que consentiremos em refletir. Então, a verdade se fará luz e a grande palavra de Voltaire se verificará a nossos olhos: "O ateísmo e o fanatismo são os dois polos de um mundo de confusão e de horror!" (*História de Jeni*).

É verdade que muito se fala de altruísmo, nova denominação do amor da humanidade, e se pretende que esse sentimento deve bastar. Mas como se fará do amor da humanidade uma coisa vivida, realizada, quando não chegamos, não direi a amar-nos, mas somente a suportar-nos uns aos outros? Para se gruparem os sentimentos e as aspirações, é necessário um ideal poderoso. Pois bem!

Esse ideal não o encontrareis no ser humano, finito, limitado; não o encontrareis nas coisas deste mundo, todas efêmeras, transitórias. Ele não existe senão no Ser infinito, eterno. Somente Ele é bastante vasto para recolher, absorver todos os transportes, todas as forças, todas as aspirações da alma humana, para os reconhecer e fecundar. Esse ideal é Deus!

Mas que é o ideal? É a perfeição. Deus, sendo a perfeição realizada, é ao mesmo tempo o ideal objetivo, o ideal vivo!

VIII
Ação de Deus no mundo e na história

Deus, foco de inteligência e de amor, é tão indispensável à vida interior quanto o Sol à vida física!

Deus é o sol das almas. É dele que emana essa força, às vezes energia, pensamento, luz, que anima e vivifica todos os seres. Quando se pretende que a ideia de Deus é inútil, indiferente, tanto valeria dizer que o Sol é inútil, indiferente à natureza e à vida.

Pela comunhão de pensamento, pela elevação da alma a Deus, produz-se uma penetração contínua, uma fecundação moral do ser, uma expressão gradual das potências nele encerradas, porque essas potências, pensamento e sentimento, não podem revelar-se e crescer senão por altas aspirações, pelos transportes do nosso coração. Fora disso, todas essas forças latentes dormitam em nosso íntimo, conservam-se inertes, adormecidas!

Falamos da prece. Expliquemo-nos ainda a respeito dessa palavra. A prece é a forma, a expressão mais potente da comunhão universal. Ela não é o que tantas pessoas supõem: uma recitação frívola, exercício monótono e muitas vezes repetido. Não! pela verdadeira prece, a prece improvisada, aquela que não comporta fórmulas, a alma se transporta às regiões superiores; aí haure forças, luzes; aí encontra apoio que não podem conhecer, nem compreender aqueles que desconhecem Deus. Orar é voltar-se para o Ser eterno, é expor-Lhe nossos pensamentos e nossas ações, para os submeter à Sua Lei e fazer da Sua vontade a regra de nossa vida; é achar, por esse meio, a paz do coração, a satisfação da consciência, em uma palavra, esse bem interior que é o maior, o mais imperecível de todos os bens!

Diremos, pois, que desconhecer, desprezar a crença em Deus e a comunhão do pensamento que a Ele se liga, a comunhão com a Alma do Universo, com esse foco de onde irradiam para sempre a inteligência e o amor, seria, ao mesmo tempo, desconhecer o que há de maior e desprezar as potências interiores que fazem a nossa verdadeira riqueza. Seria calcar aos pés nossa própria felicidade, tudo que pode fazer nossa elevação, nossa glória, nossa ventura.

O homem que desconhece Deus e não quer saber que forças, que recursos, que socorros dele promanam, esse é comparável a um indigente que habita ao lado de palácios cheios de tesouros e se arrisca a morrer de miséria diante da porta que lhe está aberta e pela qual tudo o convida a entrar.

Ouvem-se frequentemente certos profanos que dizem: "Não tenho necessidade de Deus!". Palavra triste e deplorável, palavra orgulhosa dos que, sem Deus, nada seriam, não teriam existido. Oh! cegueira do espírito humano, cem vezes pior que a do corpo! Ouvistes algumas vezes a flor dizer: não tenho necessidade de sol? Pois bem, nós o sabemos, Deus não é somente a luz das almas; é também o amor! E o amor é a força das forças.

O amor triunfa sobre todas as potências brutais. Lembremo-nos de que se a ideia cristã venceu o mundo antigo, se venceu o poder romano, a força dos exércitos, o gládio dos césares, foi pelo amor! Venceu por estas palavras: "Felizes os que têm a doçura, porque possuirão a Terra!".

E, com efeito, não há homem, por mais duro, por mais cruel, que não se sinta desarmado contra vós se estiver convencido de que quereis seu bem, sua felicidade e de que tal desejais de modo real e desinteressado.

O amor é todo-poderoso; é o calor que faz fundir os gelos do ceticismo, do ódio, da fúria, o calor que vivifica as almas embotadas, porém, prestes a desabrochar e a dilatar ao bafejo desse raio de amor.

Notai bem: são as forças sutis e invisíveis as rainhas do mundo, as senhoras da natureza. Vede a eletricidade! Nada pesa e não parece coisa alguma; entretanto, a eletricidade é uma força maravilhosa; volatiliza os metais e decompõe todos os corpos. O mesmo se dá com o magnetismo, que pode paralisar o braço de um gigante. De igual modo o amor pode dominar a força e reduzi-la; pode transformar a alma humana, princípio da vida em cada um, sede das forças do pensamento. Eis a razão por que Deus, sendo o foco universal, é também o poder supremo. Se compreendêssemos a que alturas, a que grandes e nobres tarefas nosso Espírito pode chegar pela compreensão profunda da obra divina, pela penetração do pensamento de Deus em cada ser, seríamos transportados de admiração.

Há homens convencidos de que, prosseguindo nossa ascensão espiritual, acabaremos por perder a existência para nos aniquilar no Ser supremo. É isso grave erro: porque, ao contrário, se conforme a razão o indica e o confirmam todos os grandes Espíritos, quanto mais nos desenvolvemos em inteligência e em moral, mais a nossa personalidade se afirma. O ser pode estender-se e irradiar; pode crescer em percepções, em sensações, em sabedoria, em amor, sem por isso cessar de ser ele próprio. Não percebemos que os Espíritos elevados são personalidades poderosas? E, nós próprios, não sentimos que quanto mais amamos, mais nos tornamos suscetíveis de amar; que quanto melhor compreendemos, mais nos sentimos capazes de compreender?

Estar unido a Deus é sentir, é realizar o pensamento de Deus. Mas o poder de sentir essa possibilidade de ação do Espírito não o destrói. Só pode engrandecê-lo. E quando chega a certo grau de ascensão, a alma se torna, por sua vez, uma das potências, uma das forças ativas do Universo; ela se transforma num dos agentes de Deus na obra eterna, porque sua colaboração se estende sem cessar. Seu papel é transmitir as vontades divinas aos seres que estão abaixo dela, atrair a ela, em sua luz, em seu amor, tudo que se agita, luta e sofre nos mundos inferiores. Não se contenta mesmo com uma ação oculta. Muitas vezes encarna, toma um corpo e se torna um missionário, desses que passam quais meteoros na noite dos séculos.

Há outras teorias que consistem em crer que, quando em consequência de suas peregrinações, a alma chega à perfeição absoluta, a Deus, depois de longa permanência no meio das beatitudes celestes, torna a descer ao abismo material, ao mundo da forma, ao mais baixo grau da escala dos seres, para recomeçar a lenta, dolorosa e penosa ascensão que acaba de conseguir.

Tal teoria não é mais admissível que a outra; para aceitá-la, seria necessário fazer abstração da noção do Infinito. Ora, essa noção se impõe, embora escape à nossa análise. Basta refletir um pouco para compreender que a alma pode prosseguir a sua marcha ascendente e aproximar-se sem cessar do apogeu, sem jamais atingi-lo. Deus é o Infinito! é o Absoluto! e nunca seremos, em relação a Ele, apesar do nosso progresso, senão seres finitos, relativos, limitados.

O ser pode, pois, evoluir, crescer sem cessar, sem nunca realizar a perfeição absoluta. Isso parece difícil de compreender e, entretanto, que de mais simples? Deixai-nos escolher um exemplo ao alcance de todos, um exemplo matemático. Tomai uma unidade — e a unidade é um pouco a imagem do ser —, tomai, pois, a unidade e ajuntai-lhe a maior fração que encontrardes. Aproximar-vos-eis do algarismo 2, mas nunca o atingireis. Nós, homens, encerrados na carne, temos grande dificuldade em fazer ideia do papel do Espírito, que contém em si todas as potências, todas as forças do Universo, todas as belezas e esplendores da vida celeste e os faz irradiar sobre o mundo. Mas o que podemos e devemos compreender é que esses Espíritos potentes, esses missionários, esses agentes de Deus, foram, tal qual ora somos, homens de carne, cheios de fraquezas e misérias; atingiram essas alturas por suas pesquisas e seus estudos, pela adaptação de todos os seus atos à Lei Divina. Ora, o que fizeram todos podemos fazer também. Todos temos os gérmens de um poder e de uma grandeza iguais ao seu poder e à sua grandeza. Todos temos o mesmo futuro grandioso, e só de nós outros mesmos depende realizá-lo através de nossas inúmeras existências.

Graças aos estudos psíquicos, aos fenômenos telepáticos, estamos mais ou menos aptos para compreender, desde já, que nossas faculdades não se limitam a nossos sentidos. Nosso espírito pode irradiar além do corpo, pode receber as influências dos mundos superiores, as impressões do pensamento divino. O apelo do pensamento humano é ouvido; a alma, quebrando as fatalidades da carne, pode transportar-se a esse Mundo Espiritual que é sua herança, seu domínio por vir. Eis por que é necessário que cada qual se torne seu próprio médium, aprenda a comunicar com o mundo superior do Espírito.

Esse poder tem sido, até aqui, o privilégio de alguns iniciados. Hoje, é necessário que todos o adquiram e que todo homem chegue a apreender, a compreender as manifestações do pensamento superior. Ele pode chegar aí por uma vida pura e sem mácula e pelo exercício gradual de suas faculdades.

A ação de Deus se desvela no Universo, tanto no mundo físico quanto no mundo moral; não há um único ser que não seja objeto de Sua solicitude. Nós a vimos manifestar-se nessa majestosa Lei do Progresso que preside à evolução dos seres e das coisas, levando-os a um estado sempre mais perfeito. Essa ação se mostra igualmente na história dos povos. Pode-se seguir, através dos tempos, essa marcha grandiosa, esse impulso da humanidade para o bem, para o melhor. Sem dúvida, há nessa marcha secular muitos desfalecimentos e recuos, muitas horas tristes e sombrias; não se deve, porém, esquecer que o homem é livre em suas ações. Seus males são quase sempre a consequência de erros, de seus estados de inferioridade.

Não é uma escolha providencial que designa os homens destinados a produzir as grandes inovações, os descobrimentos que contribuem para o desenvolvimento da obra civilizadora? Esses descobrimentos se encadeiam, aparecem, uns depois dos outros, de maneira metódica, regular, à medida que podem enxertar-se com êxito aos progressos anteriores.

O que demonstra, de modo brilhante, a intervenção de Deus na história é o aparecimento, no tempo próprio, nas horas solenes, desses grandes missionários que vêm estender a mão aos homens e os repor na senda perdida, ensinando-lhes a lei moral, a fraternidade, o amor de seus semelhantes, dando-lhes o grande exemplo do sacrifício de si pela causa de todos.

Haverá algo mais imponente do que essa missão dos Enviados divinos? Eles vêm e marcham no meio dos povos.

Em vão os sarcasmos e o ridículo chovem sobre eles. Em vão o desprezo e o sofrimento os atingem. Eles marcham sempre! Em vão se levantam ao redor deles os patíbulos, os cadafalsos.

As fogueiras se acendem. Mas eles seguem, com a fronte altiva, a alma serena. Qual é, pois, o segredo de sua força? Quem os impele assim para a frente?

Acima das sombras da matéria e das vulgaridades da vida, mais alto que a Terra, mais alto que a humanidade, eles veem resplandecer esse foco eterno, um raio que os ilumina e lhes dá a coragem de afrontar todas as dores, todos os suplícios. Contemplaram a verdade sem véus e, daí em diante, não têm outro cuidado que difundir, pôr ao alcance das multidões, o conhecimento das grandes leis que regem as almas e os mundos!

Todos esses Espíritos potentes têm declarado que vêm em nome de Deus e para executar a Sua vontade. Jesus o afirma várias vezes: "É meu Pai, diz ele, que me envia". E Joana d'Arc não é menos precisa: "Venho da parte de Deus para livrar a França dos ingleses".

No meio da noite temerosa do décimo quinto século, nesse abismo de misérias e de dores em que soçobravam a vida e a honra de uma grande nação, que trazia Joana à França traída, subjugada, agonizante? Era algum socorro material, soldados, um exército? Não, o que ela trazia era a fé, a fé em si mesma, a fé no futuro da França, a fé em Deus!

"Eu venho da parte do Rei do Céu, dizia ela, e vos trago os socorros do Céu." E com essa fé a França se ergueu, escapou à destruição e à morte!

O mesmo aconteceu de 1914 a 1918. Só houve um remédio, quer para esse ceticismo aparatoso, quer para essa indiferença cega que caracterizava o espírito francês antes da guerra. Só houve um remédio a essa apatia do pensamento e da consciência nacionais que nos dissimulavam a extensão do perigo. Esse remédio foi a fé em nós mesmos, nos grandes destinos da pátria, a fé nessa Potência suprema que salvou de novo a França nos dias do Marne e de Verdun.

Mas os dias de perigo e de glória passaram; a união sagrada não sobreviveu ao drama sanguinolento. O pessimismo, o desencorajamento e a discórdia retomaram sua ação mórbida; a anarquia e a ruína batem às nossas portas.

O único meio de salvar a sociedade em perigo é elevar os pensamentos e os corações, todas as aspirações da alma humana para a Potência infinita — que é Deus; é unir nossa vontade à sua e nos compenetrarmos da sua Lei: aí está o segredo de toda a força, de toda a elevação!

E ficaremos surpreendidos e maravilhados, avançando nessa senda esquecida, de reconhecer, de descobrir que Deus não é abstração metafísica, vago ideal perdido nas profundezas do sonho, ideal que não existe, conforme o dizem Vacherot e Renan, senão quando nele pensamos. Não; Deus é um ser vivo, sensível, consciente. Deus é uma realidade ativa. Deus é nosso pai, nosso guia, nosso condutor, nosso melhor amigo; por pouco que lhe dirijamos nossos apelos e que lhe abramos nosso coração, ele nos esclarecerá com a sua luz, nos aquecerá no seu amor, expandirá sobre nós sua alma imensa, sua alma rica de todas as perfeições; por ele e nele somente nos sentiremos felizes e verdadeiramente irmãos; fora dele só encontraremos obscuridade, incerteza, decepção, dor e miséria moral. Eis o socorro que Joana trazia à França o socorro que o Espiritualismo moderno traz à humanidade!

Pode-se dizer que o pensamento de Deus irradia sobre a história e sobre o mundo; ele tem inspirado as gerações em sua marcha, tem sustentado, levantado milhões de almas desoladas. Tem sido a força, a esperança suprema, o último apoio dos aflitos, dos espoliados, dos sacrificados, de quase todos aqueles que, através dos tempos, têm sofrido a injustiça, a maldade dos homens, os golpes da adversidade!

Se evocardes a memória das gerações que se têm sucedido sobre a Terra, por toda parte, vereis os olhares dos homens voltados para essa luz, que nada poderá extinguir, nem diminuir!

É essa a razão por que vos dizemos: Meus irmãos, recolhei-vos no silêncio das vossas moradas; elevai frequentemente a Deus os transportes de vossos pensamentos e dos vossos corações, expondo-lhe vossas necessidades, vossas fraquezas, vossas misérias, e, nas horas difíceis, nos momentos solenes de vossa vida, dirigi-lhe o apelo supremo. Então, no mais íntimo do vosso ser, ouvireis como que uma voz vos responder, consolar, socorrer.

Essa voz vos penetrará de uma emoção profunda; fará talvez brotar vossas lágrimas, mas levantar-vos-eis fortalecidos, reconfortados.

Aprendei a orar do mais profundo de vossa alma, e não mais da ponta dos lábios; aprendei a entrar em comunhão com vosso Pai; a receber seus ensinamentos misteriosos, reservados, não aos sábios e poderosos, mas às almas puras, aos corações sinceros.

Quando quiserdes achar refúgio contra as tristezas e as decepções da Terra, lembrai-vos de que há somente um meio: elevar o pensamento a essas puras regiões da Luz Divina, onde não penetram influências grosseiras do nosso mundo. Os rumores das paixões, o conflito dos interesses não vão até lá. Chegando a essas regiões, o Espírito se desprende de preocupações inferiores, de todas as coisas mesquinhas de nossas existências; paira acima da tempestade humana, mais alto que os ruídos discordantes da luta pela vida, pelas riquezas e honras vãs; mais alto que todas essas coisas efêmeras e mutáveis que nos ligam aos mundos materiais. Lá em cima, o Espírito se esclarece, inebria-se dos esplendores da verdade e da luz. Ele vê e compreende as leis do seu destino.

Diante das largas perspectivas da imortalidade, perante o espetáculo dos progressos e das ascensões que nos esperam na escala dos mundos, que se tornam para nós as misérias da vida atual, as vicissitudes do tempo presente?

Aquele que tem em seu pensamento e em seu coração essa fé ardente, essa confiança absoluta no futuro, essa certeza que o eleva, esse está encouraçado contra a dor. Ficará invulnerável no meio das provas. Está aí o segredo de todas as forças, de todo o valor, o segredo dos inovadores, dos mártires, de todos aqueles que, através dos séculos, oferecem sua vida por uma grande causa; de todos aqueles que, no meio das torturas, sob a mão do algoz, enquanto seus ossos e sua carne, esmagados pela roda ou pelo cavalete, não eram mais do que lama sanguinolenta, achavam ainda a força suficiente para dominar seus sofrimentos e afirmar a Divina Justiça; daqueles que, sobre o cadafalso, e assim sobre a lenha das fogueiras, viviam já por antecipação da vida apreciável e gloriosa do Espírito.

IX
Objeções e contradições

Sendo o problema divino o mais vasto, o mais profundo dos problemas, pois que abrange todos os outros, embalou teorias, sistemas sem-número que correspondem a outros tantos graus de compreensão humana, a outros tantos estádios do pensamento em sua marcha para o absoluto.

Nesse domínio, as contradições pululam. Cada religião explica Deus à sua maneira; cada teoria O descreve a seu modo. E de tudo isso resulta uma confusão, um caos inextricável. Quantas formas variadas da ideia de Deus, desde o fetiche do negro até o Parabrahm dos hindus, até o Ato Puro de São Tomás! Dessa confusão os ateus têm tirado argumentos para negar a existência de Deus; os positivistas, para O declarar "incognoscível". Como remediar tal desordem? Como escapar a essas contradições? Da mais simples maneira. Basta elevarmo-nos acima das teorias e dos sistemas bastante alto para as ligar em seu conjunto e pelo que têm de comum. Basta elevarmo-nos até a grande Causa, na qual tudo se resume e tudo se explica.

A estreiteza de vistas desnaturou, comprometeu a ideia de Deus. Suprimamos as barreiras, as peias, os sistemas fechados, que se contradizem, se excluem e se combatem, substituindo-os pelas vistas largas das concepções superiores. A certas alturas, a ciência, a filosofia e a religião, até então divididas, opostas, hostis, sob suas formas inferiores, unem-se e fundem-se em uma potente síntese, que é a do moderno espiritualismo. Assim se cumpre a lei da evolução das ideias. Depois da tese, temos a antítese.

Tocamos na síntese, que resumirá todas as formas e crenças, e será a glória do vigésimo século tê-las estabelecido e formulado.

＊＊

Examinemos rapidamente as objeções mais comuns. A mais frequente é a que consiste em dizer: se Deus existe, se Ele é, como pretendeis, bondade, justiça, amor, por que o mal e o sofrimento reinam feito senhores em torno dos seres? Deus é bom, e milhões sofrem na alma e na carne. Tudo é dor e aflição na vida das multidões. A iniquidade é soberana em nosso globo e a ardente luta pela existência faz, todos os dias, vítimas sem-número.

Conforme mostramos em outra parte,[26] o sofrimento é um meio poderoso de educação para as almas, pois desenvolve a sensibilidade, que já é, por si mesma, um acréscimo de vida. Por vezes, é uma forma de justiça, corretivo a nossos atos anteriores e longínquos.

O mal é a consequência da imperfeição humana. Se Deus tivesse feito só seres perfeitos, o mal não existiria. Mas então o Universo seria fixo, imobilizado em sua monótona perfeição. A magnífica ascensão das almas, através do Infinito, seria suprimida de chofre. Nada mais a conquistar; nada mais a desejar! Ora, que seria uma perfeição sem méritos, sem esforços para obtê-la? Teria qualquer valor a nossos olhos? Em resumo, o mal é o menos evoluindo para o mais, o inferior para o superior, a alma para Deus.

Deus nos fez livres; daí o mal, fase transitória de nossas ascensões. A liberdade é a condição necessária da variante na unidade universal. Sem isso, a monotonia teria feito um Universo insuportável. Deus nos deu a liberdade com essa impulsão de vida inicial, pela qual o ser evoluirá pelo seu próprio esforço, através dos espaços e dos tempos sem limites, sobre a escala das vidas sucessivas, à superfície dos mundos que povoam a imensidade.

Emanamos de Deus, tal qual nossos pensamentos emanam de nosso Espírito, sem fracioná-lo, sem diminuí-lo. Livres e responsáveis, tornamo-nos senhores e artífices de nossos destinos. Mas, para desenvolver os gérmens e as forças que estão em nós outros, a luta é necessária, a luta contra a matéria, contra as paixões, contra tudo a que chamamos mal. Essa luta é dolorosa e os choques são numerosos. No entanto, pouco a pouco, a experiência se adquire, a vontade se tempera, o bem se desprende do mal.

---

[26] Vide *Depois da morte*, Segunda parte; *O problema do ser, do destino e da dor*, caps. XVIII e XIX.

Chega a hora em que a alma triunfa sobre as influências inferiores, resgata-se e eleva-se pela expiação e purificação até a vida bem-aventurada. Então, compreende, admira a sabedoria e a providência de Deus, que, fazendo dela o árbitro de seus próprios destinos, dispôs todas as coisas de maneira a destas tirar a maior soma de felicidade final para cada ser.

A condição atual de todas as almas é o justo resultado de suas existências passadas. Da mesma forma, numa existência presente, nossa alma tece dia por dia, por atos livres, a sorte que teremos no futuro.

* * *

Outras objeções se apresentam. Há uma que não podemos desprezar, porque constitui uma das questões capitais da filosofia. Pergunta-se-nos:

Será Deus um ser pessoal ou é o ser universal, infinito?

Não pode ser ambos, porque — dizem — essas concepções são diferentes e se excluem mutuamente. Daí os dois grandes sistemas sobre Deus: o deísmo e o panteísmo. Na realidade, tal contribuição é apenas um erro de óptica do espírito humano, que não sabe compreender nem a personalidade, nem o infinito.

A personalidade verdadeira é o eu, a inteligência, a vontade, a consciência. Nada impede concebê-la sem limites, isto é, infinita. Sendo Deus a perfeição, não pode ser limitado. Assim se conciliam duas noções, na aparência, contraditórias.

Outra coisa: Deus é incognoscível, como dizem os positivistas e, entre eles, Berthelot?

É o Abismo dos gnósticos, a Ísis velada dos templos do Egito, o terrível e misterioso Santo dos Santos dos Hebreus, ou pode ser conhecido?

A resposta é fácil: Deus é incognoscível em sua essência, em suas íntimas profundezas, mas revela-se por toda a sua obra, no grande livro aberto aos nossos olhos e no fundo de nós mesmos.

Insiste-se ainda: dissestes que o fim essencial da vida, de todas as nossas vidas, era entrar, cada vez mais, na comunhão universal, para melhor amar e melhor servir a Deus em seus desígnios. Não podendo Deus ser conhecido em sua plenitude, como se poderia amar e servir o desconhecido?

Sem dúvida, replicaremos nós, não podemos conhecer a Deus em sua essência, mas nós o conhecemos por suas leis admiráveis, pelo plano que traçou todas as existências e no qual brilham a sua sabedoria e sua justiça. Para amar a Deus não é necessário separá-lo de sua obra; é preciso vê-lo em sua universalidade, na onda de vida e amor que derrama sobre todas as coisas. Deus não é desconhecido: é somente invisível.

A alma, o pensamento, o bem e a beleza moral são igualmente invisíveis. Entretanto, não devemos amá-los? E amá-los não será ainda amar a Deus — Sua origem, e, ao mesmo tempo, o pensamento supremo, a beleza perfeita, o bem absoluto?

Não compreendemos, em sua essência, nenhum desses princípios; entretanto, sabemos que existem e que não podemos escapar à sua influência, dispensando-nos de lhes prestar culto. Se amarmos somente o que conhecemos e compreendemos com plenitude, que amaríamos, afinal, limitados qual o somos atualmente, nos marcos estreitos de nossa compreensão terrestre?

Àqueles que reclamam absolutamente uma definição, poder-se-ia dizer que Deus é o Espírito puro, o Pensamento puro. Mas a ideia pura, em sua essência, não pode ser formulada sem, por isso mesmo, ser diminuída, alterada. Toda fórmula é uma prisão. Encerrado no cárcere da palavra, o pensamento perde sua irradiação, seu brilho, quando não perde seu sentido verdadeiro, completo. Empobrecido, deformado, torna-se assim sujeito à crítica e vê desvanecer-se o que nele havia de mais probante. Na vida do Espaço, o pensamento é uma imagem brilhante.

Comparado ao pensamento expresso por palavras humanas, é o que seria uma jovem resplendente de vida e de beleza, comparada a si mesma, porém deitada em um esquife, sob as formas rígidas e geladas da morte.

Entretanto, apesar da nossa impotência em exprimi-la na sua extensão, a ideia de Deus impõe-se, dissemos, por ser indispensável à nossa vida. Acabamos de ver que o bem, o verdadeiro, o belo, nos escapam em sua essência, porque são de natureza divina. Nossa própria inteligência é para nós incompreensível precisamente porque encerra uma partícula divina que a dota de faculdades augustas.

Só penetrando o sistema da alma humana chegaremos um dia a resolver o enigma do Ser infinito.

Deus está na criatura, e a criatura nele. Deus é o grande foco de vida e de amor do qual cada alma é uma centelha, ou antes, um foco ainda obscuro e velado que contém, em estado embrionário, todas as potências; a tal ponto que, se soubéssemos tudo quanto em nós outros existe e as grandiosas obras que podemos realizar, transformaríamos o mundo: elevar-nos-íamos, de um salto, na senda imensa do progresso.

Para nos conhecermos, é mister, pois, estudar Deus, porque tudo que está em Deus está nos seres, quando menos em estado de gérmen. Deus é o Espírito universal que se exprime e se manifesta na natureza, da qual o homem é a expressão mais alta.

Todos os homens devem chegar a essa compreensão de sua natureza superior; na ignorância dessa natureza e dos recursos que em nós dormitam é que está a causa de todas as provações, de nossos desfalecimentos e de nossas quedas.

Eis por que a todos diremos: elevemo-nos acima das querelas de escola, acima das discussões e das polêmicas vãs. Elevemo-nos bastante alto para compreender que somos outra coisa mais do que uma roda na máquina cega do mundo: somos os filhos de Deus e, por isso, ligados estreitamente a ele e à sua criação, destinados a um fim imenso, ao lado do qual tudo mais se torna secundário; esse fim é a entrada na santa harmonia dos seres e das coisas, que não se realiza senão em Deus e por Deus!

Elevemo-nos até lá e sentiremos a potência que está em nós, compreenderemos o papel que somos solicitados a desempenhar na obra do progresso eterno. Lembremo-nos de que somos Espíritos imortais. As coisas da Terra são um degrau, um meio de educação, de transformação.

Podemos perder neste mundo todos os bens terrestres.

Que importa? O indeclinável, antes de tudo, é engrandecer, arrancar de sua grosseira ganga esse Espírito Divino, esse deus interior que é, em todo homem, a origem de sua grandeza, de sua felicidade no porvir. Eis o fim supremo da vida!

Concluamos: Deus é a grande Alma do Universo, o foco de onde emana toda a vida, toda a luz moral. Não podeis passar sem Deus, de igual modo que a Terra e todos os seres que vivem em sua superfície não podem dispensar seu foco solar. Se o Sol se extinguir de repente, que acontecerá? Nosso planeta rolará no vazio dos espaços, levando nessa carreira a humanidade deitada para sempre em seu sepulcro de gelo. Todas as coisas morrerão, o globo será uma necrópole imensa. Triste silêncio reinará nas grandes cidades adormecidas em seu último sono.

Pois bem! Deus é o Sol das almas! Extingui a ideia de Deus, e imediatamente a morte moral se estenderá sobre o mundo. Precisamente porque a ideia de Deus está falseada, desnaturada por uns, desconhecida por muitos outros, é que a humanidade atual erra no meio das tempestades, sem piloto, sem bússola, sem guia, presa da desordem, entregue a todas as aflições.

Levantar, engrandecer a ideia de Deus, desembaraçá-la das escórias em que as religiões e os sistemas a têm envolvido, tal é a missão do Espiritualismo moderno!

Se tantos homens são ainda incapazes de ver e compreender a harmonia suprema das leis, dos seres e das coisas, é que a alma deles não entrou ainda, pelo senso íntimo, em comunicação com Deus, isto é, com seus pensamentos divinos, que esclarecem o Universo e que são a luz imperecível do mundo.

Indagamos de nós mesmos, ao terminar, se conseguimos dar um resumo da ideia de Deus. A palavra humana é muito fraca, muito árida e extremamente fria para tratar de semelhante assunto. Só a própria harmonia, a grande sinfonia das esferas e a voz do Infinito poderiam esboçar e exprimir a lei universal. Há coisas que, de tão profundas, só se sentem, não se descrevem. Deus, somente em Seu amor sem limites, pode revelar-nos o Seu sentido oculto. E é o que fará, se em nossa fé, em nossa ascensão para a verdade, soubermos apresentar àquele que sonda os recônditos mais misteriosos das consciências uma alma capaz de O compreender, um coração digno de amá-lo.

Segunda Parte
O livro da natureza

X
O céu estrelado

Um livro grandioso, dissemos, está aberto aos nossos olhos, e todo observador paciente pode ler nele a palavra do enigma, o segredo da vida eterna.

Aí se vê que uma vontade dispôs a ordem majestosa em que se agitam todos os destinos, se movem todas as existências, palpitam todos os corações.

Ó alma! aprende primeiro a suprema lição que desce dos espaços sobre as frontes apreensivas. O Sol está escondido no horizonte; seus alvores de púrpura tingem ainda o céu; luz serena indica que, além, um astro se velou aos nossos olhos. A noite estende acima de nossas cabeças seu zimbório constelado de estrelas.

Nosso pensamento se recolhe e procura o segredo das coisas. Voltemo-nos para o oriente. A Via Láctea expande, qual imensa fita, suas miríades de estrelas, tão aconchegadas, tão longínquas, que parecem formar uma contínua massa. Por toda parte, à medida que a noite se torna mais densa, outras estrelas aparecem, outros planetas se acendem qual se fossem lâmpadas suspensas no santuário divino. Através das profundezas insondáveis, esses mundos permutam os seus raios de prata, impressionam-nos, a distância, e nos falam uma linguagem muda.

Eles não brilham todos com o mesmo fulgor: a potente Sírius não se pode comparar à longínqua Capela.

Suas vibrações gastaram séculos a chegar até o nosso olhar, e cada um de seus raios vale por um cântico, uma verdadeira melodia de luz, uma voz penetrante. Esses cânticos se resumem assim: "Nós também somos focos de vida, de sofrimento, de evolução. Almas, aos milhares, cumprem, em nós, destinos semelhantes aos vossos".

Entretanto, todos não têm a mesma linguagem, porque uns são moradas de paz e de felicidade, e outros, mundos de luta, de expiação, de reparação pela dor. Uns parecem dizer: Eu te conheci, alma humana, alma terrestre; eu te conheci e hei de te tornar a ver! Eu te abriguei em meu seio outrora, e tu voltarás a mim. Eu te espero, para, por tua vez, guiares os seres que se agitam em minha superfície!

E depois, mais longe ainda, essa estrela que parece perdida no fundo dos abismos do céu e cuja luz trêmula é apenas perceptível, essa estrela nos dirá: Eu sei que tu passarás pelas terras que formam meu cortejo, e que eu inundo com os meus raios; eu sei que tu aí sofrerás e te tornarás melhor. Apressa a tua ascensão. Eu serei e sou já para contigo uma vera amiga, porque até mim chegou o teu apelo, tua interrogação, tua prece a Deus.

Assim, todas as estrelas nos cantam seu poema de vida e amor, todas nos fazem ouvir uma evocação poderosa do passado ou do futuro. Elas são as "moradas" de nosso Pai, os estádios, os marcos soberbos das estrelas do Infinito, e nós aí passaremos, aí viveremos todos para entrar um dia na Luz Eterna e Divina.

Espaços e mundos, que maravilhas nos reservais? Imensidades sidéreas, profundezas sem limites, dais a impressão da majestade divina. Em vós, por toda parte e sempre, está a harmonia, o esplendor, a beleza! Diante de vós, todos os orgulhos caem, todas as vanglórias se desvanecem. Aqui, percorrendo suas órbitas imensas, estão astros de fogo perto dos quais o nosso Sol não é mais que simples facho. Cada um deles arrasta em seu séquito um imponente cortejo de esferas que são outros tantos teatros da evolução. Ali, e assim na Terra, seres sensíveis vivem, amam, choram. Suas provações e suas lutas comuns criam entre si laços de afeto que crescerão pouco a pouco. E é assim que as almas começam a sentir os primeiros eflúvios desse amor que Deus quer dar a conhecer a todos. Mais longe, no insondável abismo, movem-se mundos maravilhosos, habitados por almas puras, que conheceram o sofrimento, o sacrifício, e chegaram aos cimos da perfeição; almas que contemplam Deus em sua glória e vão, sem jamais cansar, de astro em astro, de sistema em sistema, levar os apelos divinos.

Todas essas estrelas parecem sorrir, qual se fossem amigas esquecidas. Seus mistérios nos atraem. Sentimos que são a herança que Deus nos reserva. Mais tarde, nos séculos futuros, conheceremos essas maravilhas que nosso pensamento apenas toca. Percorreremos esse infinito que a palavra não pode descrever em uma linguagem limitada.

Há, sem dúvida, nessa ascensão, degraus que não podemos contar, tão numerosos são, mas nossos guias nos ajudarão a subi-los, ensinando-nos a soletrar as letras de ouro e de fogo, a divina linguagem da luz e do amor. Então o tempo não terá mais medida para nós. As distâncias não mais existirão. Não pensaremos mais nos caminhos obscuros, tortuosos, escarpados que seguimos no passado, e aspiraremos às alegrias serenas dos seres que nos tiverem precedido e que traçam, por meio de jorros de luz, nosso caminho sem-fim. Os mundos em que houvermos vivido terão passado, não serão mais que poeira e detritos, mas nós guardaremos a deliciosa impressão das venturas colhidas em suas superfícies, das efusões do coração que começaram a unir-nos a outras almas irmãs. Conservaremos a muito cara e dolorosa lembrança dos males partilhados e não seremos mais separados daqueles que tivermos amado, porque os laços são entre as almas os mesmos que entre as estrelas. Através dos séculos e dos lugares celestes, subiremos juntos para Deus, o grande Foco de Amor que atrai todas as criaturas!

XI
A floresta

Ó alma humana! torna a descer à Terra, recolhe-te; vira as páginas do grande livro aberto a todos os olhares; lê, nas camadas do solo em que pisas, a história da lenta formação dos mundos, a ação das forças imensas preparando o globo para a vida das sociedades.

Depois, escuta. Escuta as harmonias da natureza, os ruídos misteriosos das florestas, os ecos dos montes e dos vales, o hino que a torrente murmura no silêncio da noite. Escuta a grande voz do mar! Por toda parte retine o cântico dos seres e das coisas, a vida ruidosa, o queixume das almas que sofrem ainda, qual se permanecessem aqui, e fazem esforços para se libertar da ganga material que as estreita.

* * *

A floresta estende até o horizonte longínquo suas massas de verdura que estremecem sob a brisa e ondulam, de colina em colina. Através das espessas ramadas, a luz se escoa em louras estrias sobre os troncos das árvores e sobre os musgos; o sopro da brisa folga nas ramagens. O outono junta a esses prestígios a simpatia das cores, desde o verde amarelado até o vermelho rubro e o ouro puro; matiza e cresta as moitas; amarela de ocre os castanheiros, de púrpura as faias aformoseia as urzes róseas das clareiras. Embrenhemo-nos sob a folhagem. À medida que avançamos, a floresta nos envolve com seus eflúvios e seu mistério. Aromas fecundos sobem do solo;

as plantas exalam sutil perfume. Poderoso magnetismo se desprende das árvores gigantescas e nos penetra e nos inebria. Mais longe, raios dourados penetram em uma clareira e fazem brilhar os troncos das bétulas qual se fossem as colunatas de um templo. Mais longe ainda, bosques sombrios aparecem, cortados em linha reta por uma aleia que alonga, a perder de vista, suas arcadas de verdura, semelhantes a abóbadas de catedral. Por toda parte, abrem-se refúgios cheios de sombra e de silêncio, solidões profundas que inspiram uma espécie de emoção. Caminhamos aí sob espessas trevas, crivadas de gotas de sol.

Aqui, uma faia venerável arredonda no flanco de um cabeço seus folhudos zimbórios. Ali, são os carvalhos que inclinam sobre o espelho de uma lagoa suas espessas ramagens. Uma árvore secular, patriarca dos bosques, respeitada pelo machado, que três ou quatro homens não poderiam abraçar, eleva-se isolada, alta qual uma igreja. O raio a tem visitado várias vezes, conseguindo, apenas, quebrar os seus galhos, deixando-a sempre de pé, altiva e protetora. Seu pé intumesce de raízes monstruosas, alcatifadas de musgos; coleópteros, semelhantes a pedras preciosas, correm sobre sua rugosa casca.

Em triste solidão, diversos pinheiros expandem seus fustes avermelhados e seus galhos torcidos em forma de lira. Será um capricho da natureza? O pinheiro é a árvore musical por excelência. Suas agulhas finas e maleáveis balançam ao vento cheias de carícias e cochichos.

Como é bom perambular sob a sombra silenciosa e comovente dos grandes bosques, ao longo do límpido regato e dos apagados trilhos traçados pelos cabritos! Como é agradável estendermo-nos sobre o veludo das alfombras ou sobre o tapete dos fetos, na base de qualquer rochedo granítico, para seguir o carreiro dos escaravelhos dourados sobre as ervas, das lagartixas sobre a pedra, e prestar ouvidos aos alegres trinados dos passarinhos! Um Mundo Invisível se agita e freme em redor: concertos dos infinitamente pequenos acalentando o repouso da terra; insetos, em legiões, fazem sua ronda a um raio de luz, ao mesmo tempo que no cimo de um álamo a toutinegra se externa em garganteios de pérolas. Aqui, tudo é gozo de viver e metamorfose fecunda! No seio de um ramalhete de árvores, a fonte jorra entre os rochedos; ela se espreguiça sobre um leito de calhaus entre florinhas e campânulas, hortelãs bravas e salvas. Do sulco esculpido por suas águas, onde vêm beber os passarinhos, a onda cristalina corre gota a gota e murmura docemente. Um grande pinheiro sombreia e protege a pequenina concha. O vento agita suas agulhas, enquanto a fonte murmura sua cantilena. Um raio de sol, deslizando pela ramagem, vem pôr mil reflexos faiscantes sobre a toalha límpida. No ar, libélulas dançam e folgam; bonitas moscas multicores zumbem ao cálice das flores. Na paisagem tranquila, a água corrente e murmurante é um símbolo de nossa vida, que surge nas profundezas obscuras do passado e foge, sem nunca parar, para o oceano dos destinos, onde Deus a conduz para tarefas sempre mais altas, sempre novas. Pequena fonte, pequeno regato, amigo dos filósofos e dos pensadores, vós me falais da outra margem, para a qual eu me encaminho em cada segundo, e me recordais que tudo, em volta dos seres, é lição, ensinamento para quem sabe ver, auscultar e compreender a linguagem desses seres e de todas as coisas! Mas, de repente, o vento sul irrompe; sopro poderoso passa sobre a floresta, que vibra qual um órgão imenso. Semelhante a uma onda de esmeraldas, o grande fluxo vegetal intumesce pouco a pouco, ondula e sussurra. Um coração invisível anima a solidão feraz. Os troncos gigantescos se torcem em longos gemidos. Clamores sobem das touceiras; dir-se-ia o rodar de carros ou de exércitos que se entrechocam.

 O carreiro ganha um planalto e serpenteia através de um bosque de castanheiros. Essas árvores centenares tremem ao vento. Inclinando seus galhos pesadamente carregados, elas parecem dizer ao homem: Colhe meus frutos, nos quais destilei o suco de minha medula; guarda meus galhos mortos, que no inverno aquecerão teu lar. Toma, porém não sejas ingrato, nem indiferente, porque toda a natureza trabalha para teu proveito. Não sejas ingrato, senão as provações, as rudes lições da adversidade virão fatalmente atingir teu coração, arrancar-te, cedo ou tarde, à tua indiferença, às tuas dúvidas, a teus erros e orientar teu pensamento para compreensão da grande Lei!

 Imediatamente a impressão muda e se adoça. O vento se foi. A charneca sucedeu à floresta; os tojos, as alfazemas, as giestas fazem séquito à augusta assembleia dos bosques. Sobre uma elevação do solo, um alto monólito se levanta, no centro de um círculo de pedras, coberto de musgo, umas ainda de pé, outras jazendo na relva, contando a história das raças milenárias, seus sonhos, suas tradições, suas crenças. O espetáculo dessas pedras enigmáticas nos reconduz ao abismo dos tempos. Daí se origina a melancolia das coisas desaparecidas, enquanto que, ao redor, a natureza nos dá a sensação de mocidade eterna.

Nas encostas, vales se abrem, quebradas se aprofundam. Sob moitas bastas e odoríferas, puras, frescas, surgem fontes; seu murmúrio enche o vale. O dia declina. Através das gargantas, em uma chanfradura azulada, o Sol projeta reflexos de púrpura e ouro. Alvores de incêndios aparecem na orla dos bosques. Atrás, sob os fogos do poente, a grande floresta zimborial expande seus bosques gigantescos, seus maciços cerrados, todo o suntuoso e cativante vestuário de que o outono o adornou. Os raios oblíquos do Sol perpassam entre as colunatas e vão iluminar as solidões longínquas; fazem sobressair as folhagens multicores; ruivos variados, ouros foscos, vermelhos brilhantes, cromos e lacas; tudo se ilumina, tudo flameja em uma espécie de apoteose. Diante dessa fantástica decoração, que me fascina na paz da tarde, meu pensamento se exalta e eleva, sobe à casa de tantas maravilhas para a glorificar!

* * *

Tudo na floresta é encanto, quer na primavera, quando as seivas potentes incham suas mil artérias, quer quando os rebentos novos reverdecem fartamente, quer quando o outono a decora de tintas ardentes, de cores prestigiosas, ou quando o inverno a transforma em um mágico palácio de cristal, que as sombrias ramadas moldam sob a neve, ou se carregam de pingentes diamantinos, transformando cada pinheiro em árvore de Natal.

A floresta não é somente maravilhoso espetáculo; é ainda perpétuo ensinamento. Ela nos fala, sem cessar, das regras fortes, dos princípios augustos que regem toda a vida e presidem à renovação dos seres e das estações. Aos tumultuosos, aos agitados, oferece seus retiros profundos, propícios à reflexão. Aos impacientes, ávidos de gozo, diz que nada é duradouro, senão aquilo que custa trabalho e precisa tempo para germinar, para sair da sombra e subir para o céu. Aos violentos, aos impulsivos, opõe a vista de sua lenta evolução. Verte a calma nas almas enfebrecidas. Simpática às alegrias, compassiva às dores humanas, ela cura os corações chagados, consola, repousa e comunica, a todos as forças obscuras, as energias escondidas em seu seio. A lenda de Anteu é sempre aplicável aos feridos da existência, a todos aqueles que esgotaram as suas faculdades, suas potências vitais nas ásperas lutas deste mundo. Basta-lhes pôr-se em contato com a natureza para encontrarem, na virtude secreta que dela emana, recursos ilimitados.

E que analogias, que lições em todas as coisas! A bolota, sob o seu invólucro modesto, contém não só um carvalho completo em seu majestoso desenvolvimento, mas uma floresta inteira. A semente minúscula encerra em seu garrido berço toda a flor, com sua graça, suas cores, seus perfumes. De igual maneira, a alma humana possui, em gérmen, todo o desenvolvimento de suas faculdades, de suas potências futuras. Se não tivéssemos sob os olhos o espetáculo das metamorfoses vegetais, nós nos recusaríamos a crê-lo. As fases de evolução das almas em seu curso nos escapam, e não podemos compreender atualmente todo o esplendor de seu porvir. Temos, no entanto, um exemplo disso na pessoa desses gênios, que passaram através da história deslumbrantemente, deixando aos pósteros obras imperecíveis. Tais são as alturas a que se podem elevar as almas mais atrasadas na escada das vidas inumeráveis com o auxílio destes dois fatores essenciais: o tempo e o trabalho!

Assim, a natureza nos mostra, em toda a beleza da vida, o prêmio do esforço paciente e corajoso e a imagem dos nossos destinos sem-fim. Ela nos diz que tudo está em seu lugar no Universo, mas também que tudo evolve e se transforma, almas e coisas. A morte é apenas aparente; aos tristes invernos, sucedem os dias primaveris, cheios de vida e de promessas.

A lei de nossas existências não é diferente das estações. Depois dos dias de sol, do verão, vem o inverno da velhice e, com ele, a esperança dos renascimentos e de nova mocidade. A natureza, tal qual os seres, ama e sofre. Por toda parte, sob a onda de amor que transborda no Universo, encontra-se a corrente de dor, mas esta é salutar, pois que, purificando a sensibilidade do ser, desperta nele qualidades latentes de emoção, de ternura, e lhe proporciona, assim, um acréscimo de vida.

* * *

A floresta é o adorno da Terra e a verdadeira conservadora do globo. Sem ela, o solo, arrastado pelas chuvas, cedo voltaria aos abismos do mar imenso. Ela retém as largas gotas da tempestade em seus tapetes de relva, no enredamento de suas raízes; ela as economiza para as fontes e as entrega, pouco a pouco, transformadas, tornadas fertilizantes e não devastadoras. Por toda parte em que as árvores desaparecem, a terra se empobrece, perde sua beleza. Gradualmente, chegam a monotonia, a aridez e, depois, a morte. Regeneradora por excelência, a respiração de seus milhares de folhas[27] destila o ar e purifica a atmosfera.

Do ponto de vista psíquico, já o vimos, o papel da floresta não é menos considerável. Ela foi sempre o asilo do pensamento recolhido e sonhador. Quantas obras delicadas e fortes têm sido meditadas em sua sombra fresca e mutável, na paz de suas potentes e fraternais ramadas! Quem quer que possua alma de artista, de escritor, de poeta, saberá haurir nessa fonte viva e transbordante a inspiração fecunda. Com seu ritmo majestoso, a floresta embalou a infância das religiões. A arquitetura sagrada, em suas mais altivas audácias, não tem feito mais que a copiar. As naves góticas de nossas catedrais são alguma coisa além da imitação pela pedra, das mil colunatas e das abóbadas imponentes dos bosques? A voz dos órgãos não é o frêmito do vento que, segundo a hora, suspira nos rosais, ou faz gemer os grandes pinheiros? A floresta serviu de modelo às manifestações mais altas da ideia religiosa em sua expansão estética. Nas primeiras idades, ela cobria a superfície quase inteira do globo.

Nada mais impressionante para nossos pais que a antiga e profunda selva dos gauleses em sua grandeza misteriosa, com seus santuários naturais, onde se consumavam os ritos sagrados, seus retiros por vezes cheios de horror, quando os rumores da tempestade faziam ressoar o eco dos bosques e, do seio das touceiras, subia o grito das feras; cheia de encanto e de poesia, quando, vindo a calma, o céu azul, a cristalina luz aparecia através da ramada e o canto dos pássaros celebrava a festa eterna da vida. De século em século, a alma céltica guardou o forte cunho da floresta primitiva e o amor de seus santuários, moradas dos Espíritos tutelares que Vercingétorix e Joana d'Arc veneraram, dos quais ouviram, na verde solidão, as vozes inspiradoras.

O espírito céltico é ávido de claridade e de espaço, apaixonado pela liberdade; possui intuição profunda das coisas da alma que reclamam revelação direta, comunhão pessoal com a natureza visível e invisível. Eis por que ele estará sempre em oposição à Igreja Romana, desconfiada dessa natureza e cuja doutrina é toda cheia de compressão e de autoridade. Os druidas e os bardos lhe foram rebeldes. Apesar das conquistas romanas e das invasões bárbaras que facilitaram a expansão do Cristianismo, a alma

---

[27] "Uma bétula", diz O. Reclus, "agita, por si só, duzentas mil folhas, e outros gigantes tropicais – um milhão".

céltica, por uma espécie de instinto, sempre se sentiu herdeira de uma fé mais larga e mais livre que a de Roma.

Inutilmente os monges procurarão impor-lhe a ideia de ascetismos e de renúncia, a submissão a dogmas rígidos, a uma concepção lúgubre da morte e do Além; o espírito céltico, em sua sede ardente de saber, de viver e de agir escapará a esse círculo estreito.

A ideia fundamental do druidismo é a evolução, a ideia do progresso e do desenvolvimento na liberdade. Essa ideia é tomada, até certa medida, à natureza e completada pela Revelação.

Com efeito, a impressão geral que ressalta do espetáculo do mundo é um sentimento de harmonia, uma noção de encadeamento, uma ideia de fim e de lei, isto é, relações eternas dos seres e das coisas. A concepção evolutiva emana do estudo dessas leis. Há uma direção, uma finalidade na evolução, e esse rumo traz o conjunto das vidas, por gradações insensíveis e seculares, para um estado sempre melhor.

O Cristianismo, ou antes, o Catolicismo afastou essa ideia, mas a ciência nos torna a levar para ela. Primeiramente, esta espiritualiza a matéria, reduzindo-a a centros de força, e nos mostra o sistema nervoso, complicando-se cada vez mais na escala dos seres para chegar ao homem. As espécies bravias tendem a desaparecer diante da superioridade do homem. Com o desenvolvimento do cérebro, o pensamento triunfa. A consciência executa sua ascensão paralela. Há aproximação entre as leis morais e as certezas físicas e biológicas. A ordem que se manifesta nos dois domínios chega a conclusões análogas. A natureza é plástica, móvel quanto elas, e sofre a influência do Espírito Divino.

Sendo essa evolução a lei central do Universo, o principal papel da ordem social é facilitá-la a todos os seus componentes. A vida é, pois, boa, útil e fecunda. Diante das perspectivas infinitas que ela nos abre, todos os sentimentos deprimentes, pessimismo, dúvida, tristeza, desespero, desaparecem para dar lugar às inspirações imortais, à esperança imperecível.

É esse gênio de nossa raça, sobrenadando a onda das invasões, sobrevivendo a todas as vicissitudes da história, reaparecendo sobre vinte formas diversas, depois de períodos de eclipse e de silêncio, que explica a grande missão e a irradiação da França na obra da civilização. Mais que qualquer outra raça, os celtas, cujas origens se perdem no longínquo vertiginoso dos tempos, os celtas se aproximam, pelo instinto hereditário, do mundo das causas e das fontes da vida. Tanto na ciência quanto na filosofia, eles conseguiram muitas vezes aplicar o pensamento desnorteado ao sentimento da natureza e de suas leis reveladoras a uma concepção mais clara dos princípios eternos. Se o entusiasmo e a lei célticos pudessem extinguir-se, haveria menos luz e alegria no mundo, menos transportes apaixonados para a verdade e o bem. Desde mais de um século, o materialismo alemão entenebreceu o pensamento, paralisou seu surto; podemos verificar por toda parte, em torno de nós, os resultados funestos de sua influência. Mas eis que o gênio céltico reaparece sob a forma do espiritualismo moderno, para esclarecer de novo a alma humana em sua ascensão, oferece a todos aqueles cujos lábios estão dessecados pelo áspero vento da vida a taça de esperança e de imortalidade.

XII
O mar

Do tombadilho do navio que me conduz, contemplo a imensidade das águas. Até os confins do firmamento, o mar expõe sua toalha móvel, faiscante aos fogos do dia. Nem uma nuvem, nem um sopro. O sol do meio-dia acende fugitivos relâmpagos na crista das vagas. Sobre esse vasto espelho, sua luz se expande em esbatidos delicados, em arrepios instáveis. Ela envolve as ilhas, os cabos e as praias de uma leve claridade; adoça o horizonte, idealiza-lhe as perspectivas longínquas. Os raros passageiros dormem a sesta; o tombadilho está deserto. O silêncio só é perturbado pelo ruído da hélice e pelo cântico das vagas que acariciam brandamente o casco do navio. Por toda parte, em volta, reina profunda paz. Em parte alguma senti tal impressão de repouso. É como que uma pacificação, uma serenidade, um desprendimento de tudo, o esquecimento das miseráveis agitações humanas, uma dilatação da alma, uma espécie de volúpia de viver e de saber que se viverá sempre, a sensação de ser imperecível qual esse infinito da Terra e do Céu.

As costas douradas da Provença parecem fugir; a proa do paquete, orientado para a África, fende as águas azuis. O Mediterrâneo é encantador sob o céu azulado, mas todos os mares têm o seu prestígio e beleza, quer em seus dias de cólera e de desencadeamento furioso, com a comovente fascinação das vagas espumosas, quer nas horas de calma, com o esplendor de seus sóis poentes. Seus horizontes sem limites levam a alma à contemplação das coisas eternas e aos sonhos divinos. Quase todos os marinheiros são idealistas e crentes.

* * *

Nossas costas de França são banhadas por dois mares. O Mediterrâneo é belo pela harmonia dos contornos, pela limpidez da atmosfera, pela riqueza de seu colorido. O oceano é imponente em seus tumultos, e assim em seus recolhimentos, com as grandes vagas que varrem as areias duas vezes por dia, seu céu agitado, muitas vezes sombreado, e seu grande sopro purificador. É principalmente dos altos promontórios armoricanos que o oceano é majestoso de ver, nas horas de furor, quando a vaga se precipita, roncando sobre os recifes, mugindo nas enseadas profundas e secretas, ou rolando, a estrondear, na sombra das cavernas talhadas na rocha. O queixume do mar tem qualquer coisa de penetrante, de solene, que torna a solidão mais triste, mais impressionante. O grito dos maçaricos, dos guinchos, das gaivotas, que voam girando no meio da tempestade, aumentam a desolação da cena. Toda a costa se torna branca de espuma. Aos pés do observador, o solo treme a cada embate surdo da vaga.

Do cabo da Cabra, do Raz de Sein, da ponta de Pernmarch, o espetáculo tem o mesmo caráter de grandeza épica e selvagem. Por toda parte, montões de rochas enegrecidas prolongam o continente, assim como outros tantos fragmentos arrancados à ossatura do globo pelo furor das águas. Longas filas de destroços estendem-se, testemunhando combates seculares que a onda empreende contra o áspero granito. É um cais formidável, em que os elementos desencadeados turbilhonam e se precipitam na terra, que geme sob esses golpes redobrados.

* * *

O mar acalmou, o vento se apaziguou. A noite desceu e os cintilamentos de estrelas se acendem no azul profundo do céu. Os faróis brilham com eclipses e iluminam as sendas do largo. O silêncio se faz, perturbado somente pela grande melopeia do oceano, que se eleva, grave, contínua, semelhante a uma salmodia, a uma encantação. Que diz ela? Igual a todas as harmonias da natureza, fala da Causa suprema, da obra imensa e divina. Lembra-nos quanto o homem é pequeno por sua forma material diante da majestade das águas e do céu; quanto é grande por sua alma, que pode abarcar todas as coisas, saborear-lhe as belezas, desenvolver os seus ensinamentos.

Que homem não experimentou esse sentimento misterioso que nos retém, contemplativo e sonhador, diante do espetáculo do mar? Em alguns, segundo o grau de evolução, é uma espécie de estupor admirativo, misturado de temor; em outros, é uma comunhão íntima e muda que os invade de modo completo.

Cada elemento manifesta a seu modo os segredos de sua vida profunda. A alma humana, por seus sentidos interiores, percebe essa linguagem. As coisas tendem para nós outros, sem nunca nos atingirem. Nossa alma vai para as coisas, sem conseguir penetrá-las completamente, mas delas se aproxima bastante para sentir o parentesco que nos reúne. Daí, entre a natureza e nós outros, laços, relações múltiplas e ocultas. Essa fusão com a alma universal se traduz por uma embriaguez de vida que nos penetra por todos os poros, embriaguez que a palavra não poderia exprimir. O mar, e assim a montanha, age sobre a nossa vida psíquica, nossos sentimentos e pensamentos e, por essa comunhão íntima, a dualidade da matéria e do espírito cessa um instante para se fundir na grande unidade que tudo gerou. Sentimo-nos associados às forças imensas do Universo, destinados, seres e forças, a representar, de maneira diversa, um papel nesse vasto teatro.

* * *

O mar é um grande regenerador. Sem ele, a Terra seria estéril e infecunda; em seu seio se elaboram as chuvas benéficas; todo o sistema de irrigação do globo a ele deve o nascimento. Sua efusão de vida é sem limites. Essa grande força salutar, embora áspera e selvagem, atenua nossas fraquezas físicas e morais. Pelo perpétuo perigo que apresenta, o mar é uma escola de heroísmo. Comunica ao homem suas energias; dá-lhe o pensamento, o caráter, esse modo sério, recolhido, esse conselho particular de calma e de gravidade que caracteriza as populações costeiras. Com seus sopros vivificantes, tempera ao mesmo tempo os corpos e as vontades; proporciona a tolerância e o vigor. Por isso, tem seus fiéis, seus amantes, seus devotos. Apesar de suas cóleras, revoltas e perigos constantes, quantos com ele largamente trataram não podem mais dele separar-se; ficam-lhe ligados por todas as fibras do ser. O vasto mar é a imagem do poder, da extensão, da duração. Todos quantos o têm descrito comparam o globo a um organismo vivo, felizes por perceberem em alguns dias de estio as suas pulsações. O fluxo e refluxo são a sua respiração. Durante a noite, ouvindo ao longe o rumor monótono da vaga, tive muitas vezes a impressão de que o oceano respira, qual um Leviatã adormecido. Suas grandes correntes fazem irradiar até as extremidades do mundo o calor e a eletricidade.

Há em nosso planeta dois centros intensos de vida: Java e o mar das Antilhas, cercados por dois círculos de vulcões, formidáveis focos de vitalidade e de atividade submarina. Dois enormes rios deles se destacam, semelhantes a aortas, e vão aquecer o hemisfério boreal. Mary lhes chamou "duas vias-lácteas do mar". Outras correntes secundárias vão fecundar o oceano Índico, banhando a vasta rede de ilhas, de recifes e de bancos em que o trabalho dos pólipos estabelece as bases de um continente futuro. Se o mar tem palpitações, também possui espasmos e convulsões. Entretanto, sua verdadeira personalidade não se revela nos acidentes ou nas crises de sua superfície; as mais violentas tempestades não agitam senão parte muito fraca de sua massa líquida. Para conhecê-lo, é necessário estudá-lo em suas profundezas misteriosas.

Ali, a uma profundidade de oito mil metros, agita-se uma vida obscura, estranha, iluminada por fenômenos de fosforescência que aclaram, com alvores fantásticos, as noites silenciosas dos abismos.

Seres luminosos aí pululam; quando atraídos à superfície, brilham um instante em esteiras de fogo, em feixes cintilantes, mas para se extinguirem logo. Suas formas são infinitamente variadas; apresentam os aspectos e as cores mais inesperadas: rosáceas de catedral, rosários de pérolas e de coral, lustres de cristal de ricos candelabros; estrelas marinhas, tintas de verde, de púrpura, de azul. Essa aparição fugitiva é um deslumbramento; dá-nos uma ideia enfraquecida das maravilhas que se encerram nas criptas secretas do mar. Depois, são vegetações de contos de fadas, sargaços gigantescos, nácares, esmaltes de brilhantes cores, florestas de corais, gorgônias e ísis, todo um mundo singular, primeiro rebate de vida, esforço de um pensamento que aspira à luz. Quantos mistérios no fundo dessas trevas! Quantos continentes devorados, cidades outrora florescentes, jazem também sob o sudário das grandes águas!

Esse foi o cadinho gigantesco em que se elaboraram as primeiras manifestações da vida. Ainda hoje ela é a mãe, a nutriz fecunda por meio da qual se desenvolvem as existências prodigiosas, a seiva transbordante, da qual nada, nem a raiva destrutiva do homem, nem as causas reunidas de mortalidade, de luta, de guerra entre as espécies, podem minorar a intensidade. O poder de reprodução de certas famílias é tal que, sem as forças que a combatem e lhe atenuam os efeitos, o mar ter-se-ia, há muito tempo, transformado em massa sólida.

Os arenques vogam em bandos inumeráveis, em torrentes de fecundidades.[28] Cada fêmea contém a média de cinquenta mil ovos, e cada ovo se multiplica por sua vez por cinquenta mil. O bacalhau, que se alimenta do arenque, tem nove milhões de ovos (o terço do seu peso) e gera nove meses sobre doze. O solho, que devora o bacalhau, não é menos prolífico. Somente essas três espécies, em seu ardor de reproduzir, teriam conseguido cogular o oceano, sem os elementos de morte que vêm restabelecer o equilíbrio.

Por aí a imolação se torna benfazeja, porque, sem o combate às espécies, seria rota a harmonia, e a vida pereceria pelo seu próprio excesso.

Para o mundo dos mares, a obra essencial é amar e multiplicar! Quando se examina a água salgada ao microscópio, em certas regiões, ela apresenta quantidades aterradoras de ovos, de gérmens, de infusórios. O oceano é comparável a uma imensa cuba sempre em fermentação de existências, sempre em trabalho de parturição. A morte aí produzirá a vida; sobre os resíduos orgânicos dos seres destruídos, outros organismos aparecem e se desenvolvem incessantemente!

---

[28] "Perto de Uson, um pescador, diz Michelet", encontrou oito mil deles em suas redes. Em um porto da Escócia, encheram-se onze mil barris desses peixes em uma noite. Cem mil marinheiros vivem unicamente da pesca do bacalhau".

XIII
A montanha

(Impressões de viagem)

Em certos pontos de nossas regiões costeiras, o mar e a montanha se juntam, se fazem frente. Eles se opõem um ao outro; esta, a variedade de suas formas, na imobilidade silenciosa; aquele, o ruído, o movimento incessante, na uniformidade. De um lado, a agitação sem tréguas; do outro, a majestosa calma.

Compraz-se a natureza nesses contrastes. Os montes, ora ásperos e nus, ora adornados de verdura, erguem-se acima dos vales profundos e dos vastos horizontes do mar; sítios graciosos ou austeros orlam a esteira azul dos lagos. Acima de todas as coisas, o espaço se desenvolve e, no imo dos céus, os astros prosseguem em seu rumo eterno.

A obra é variada em seus menores detalhes, mas, dos elementos diversos que a compõem, destaca-se uma harmonia poderosa, em que se revela a arte do Divino Autor. O mesmo sucede no domínio moral. Inúmeras almas existem, de aptidões infinitamente variadas: almas obscuras e brilhantes, nobres ou vulgares, tristes ou alegres, almas de fé, almas de dúvida, almas de gelo, almas de fogo! Todas parecem misturar-se, confundir-se na imensa arena da vida. Dessas discordâncias aparentes, dessas atrações, desses contrastes, provêm as lutas, os conflitos, os ódios, os amores loucos, as felicidades inebriantes, as dores agudas. Mas, desse bracejar contínuo, certa mistura se produz; perpétuas trocas se efetuam; uma ordem crescente se origina. Os fragmentos das rocas e as pedras arrastadas pela torrente transformam-se, pouco a pouco, em calhaus redondos e polidos. O mesmo acontece com as almas: chocadas, roladas pelo rio das existências, de grau em grau, de vida em vida, encaminham-se na senda das perfeições.

* * *

A França é admiravelmente dotada no que respeita a montanhas. Estas cobrem um terço de sua superfície e, segundo as latitudes, segundo a intensidade da luz que banha seus cimos, elas oferecem aspectos e colorações de uma diversidade maravilhosa.

A nordeste, os Vosges, em suas rochas grés-vermelho sobressaindo do solo, os velhos robles suspensos, qual se fossem ninhos de águia na altura das nuvens, e os sombrios pinhais que alcatifam suas encostas.

No centro, o grande maciço vulcânico do Auvergne, com suas crateras invadidas pelas águas e suas longas "cheires" ou correntes de lavas espalhadas na base dos "puys". Ao sul, está a sombria e fantástica região dos Causses, com suas gargantas estreitas, seus avermelhados rochedos, seus precipícios, seus rios subterrâneos.

Qual moldura a esse vasto quadro, uma série de montes se escalona de Franco-Condado ao Béarn. São as cadeias do Jura, dos Alpes saboianos, delfineses e provençais, as costas batidas pelo Sol, de mar azul, o Estérel e as Cévennes. Enfim, a alta muralha dos Pireneus, com seus picos dentilhados, seus circos sublimes, suas românticas solidões.

Todas essas montanhas de França são para mim familiares. Tenho-as percorrido várias vezes. Posso dizer que constitui uma das raras felicidades de minha vida saborear-lhes as inebriantes belezas. A montanha é meu templo! Ali nos sentimos mais longe das vulgaridades deste mundo, mais próximo do céu, mais perto de Deus!

Com o imprevisto dessas mutações à vista e a expansão desses fantásticos espetáculos, cimos nervosos, geleiras ofuscantes, desfiladeiros formidáveis, grotas, quebradas sombrias, prados, lagos, torrentes, cascatas, a montanha é fonte inesgotável de impressões fortes, de sensações elevadas, de ensinamentos fecundos.

Como é bom, pela fresca da madrugada, inteiramente impregnada dos aromas penetrantes da noite, escalar os declives, com o cajado pontudo na mão, o saco de provisões ao ombro! Em volta, tudo é calma; a terra exala essa paz serena que retempera os corações e os penetra de uma alegria íntima. O atalho é tão gracioso em seus contornos, a floresta tão cheia de sombras e de misteriosa doçura!

À medida que subimos, a perspectiva se alarga, soberbas escarpas se abrem ao longe, nas planícies. Os povoados mostram suas manchas brancas na verdura, entre as messes, as charnecas, os bosques. A água das lagoas e dos rios brilha qual o aço polido. Em breve, a vegetação se faz rara, o atalho se torna mais abrupto e se atravanca de troncos de árvores e de blocos esparsos. Por toda parte, aparecem os jardins das altitudes: a arnica de flores amarelas, os rododendros, as saxífragas, as ísis azuis e brancas. Aromas balsâmicos flutuam no ar. Por toda parte, águas que jorram em límpidas fontes. Seu murmúrio enche a montanha de agradável sinfonia.

Estendido sobre a relva, quantas horas tenho passado a ouvir o cristalino marulhar das fontes entre as rochas, a voz da torrente que se eleva no grande silêncio! Tudo se idealiza nessas alturas. Os falares longínquos e os cânticos melancólicos dos pastores, o tinir das campainhas dos rebanhos, o ronco das águas subterrâneas, a queixa dos ventos nas frondes, tudo se torna melodia. Mas eis a tempestade; à sua voz possante tudo se cala!...

Amo tudo da montanha: seus dias de sol, cheios de eflúvios e de raios, e suas noites serenas, sob milhões de estrelas que cintilam em maior força e parecem mais perto. Amo até suas tempestades e os clarões dos raios sobre os alcantis.

A tormenta passou. A natureza retomou seu ar de festa. Por toda parte se escuta o rangido dos gafanhotos e o matraquear dos grilos. Insetos de todas as formas e de todas as cores manifestam, a seu modo, a alegria de viver, inebriando-se de ar e de luz.

Mais abaixo, na floresta profunda, na floresta encantada, o concerto dos seres e das coisas que domina o ciciar do vento nas ramagens; cânticos de pássaros, zumbidos de insetos, melopeias dos regatos, das fontes e das cascatinhas, tudo isso nos arrebata, nos envolve em um encanto indefinível, irresistível.

Retomemos nossa marcha: ainda alguns esforços, cansados, e atingimos o cimo. Mas que compensação ao nosso trabalho! Um panorama esplêndido se manifesta, uma decoração incomparável se revela subitamente, espetáculo que ofusca o olhar e enche a alma de religiosa emoção.

Cimos, sempre cimos, eretos na glória da alva. No fundo do horizonte, picos solenes se alinham, brancos de neve, com suas geleiras que o Sol faz brilhar, feito toalhas de prata. Entre seus enormes cabeços, cavam-se desfiladeiros selvagens nos quais se abrem vales agradáveis. Para o lado do norte, a cadeia se abaixa em ondulações suaves, dando lugar à planície sem-fim. Os últimos contrafortes estão cobertos de bonitos bosques, de frescos prados, de aldeias pitorescas. Além, desenrolam-se, sem limites, os tapetes verde-e-ouro dos campos, dos prados, das campinas, um xadrez de culturas, uma variedade de tons e de cores que se fundem em um longínquo vaporoso. Mais longe ainda, o mar imenso resplandece sob o infinito azul.

O tempo escoa rápido nessas alturas. Em breve, é preciso pensar na volta. Lentamente, o Sol declina; os vales enchem-se de sombra. Já as silhuetas negras dos grandes picos erigem no céu, onde se acendem os fogos estelares. A voz da torrente se eleva, mais alta e mais grave, na paz da tarde. Os rebanhos voltam, reunidos pelos pastores, sob o olhar vigilante dos cães. Os sinos tangem, argentinos, convidando ao repouso, ao sono. As luzes extinguem-se, uma a uma, no vale. E minha alma, embalada pelas harmonias da montanha, dirige uma ardente homenagem ao Deus potente, ao Deus criador!

* * *

Moços que me ledes, meu pensamento vai até vós num transporte fraternal dizer-vos: "Aprendei a amar a montanha. É o livro por excelência, diante do qual todo livro humano é pequeno. Folheando suas páginas grandiosas, mil vezes recônditas vos aparecerão mil revelações de que não suspeitais. Colhereis alegrias preciosas, que enriquecerão vossa alma, purificando-a. Aprendei a ver, a ler, a ouvir. Enchei vossos olhos e vossos corações dessas paisagens agrestes e encantadoras. Penetrai-lhes a graça e a força, a severidade e a doçura. Alternativamente, a árvore antiga e venerável, a torrente ruidosa e o cimo altaneiro dar-vos-ão lições sublimes, que ficarão gravadas para sempre em vossa memória e acalentarão mais tarde, com doces recordações, as tardes tristes e escuras de vosso declínio. Sabei compreender-lhes a linguagem. Suas vozes unidas compõem o hino de adoração que os seres e as coisas cantam ao Eterno.

A montanha é uma bíblia, dizíamos, cujas páginas apresentam um sentido oculto, um sentido profundo. Em suas camadas rochosas, enrugadas, revolvidas pelos abalos plutônicos, podeis ler a gênese do globo, as grandes epopeias da história do mundo, antes da aparição do homem. Os movimentos da crosta terrestre, escritos ao redor de vós, em caracteres formidáveis, vos mostrarão a ação das forças combinadas, criando vossa morada comum. Depois, será o lento trabalho das águas, gota a gota, cavando os círculos a as gargantas, esculpindo os colossos de granito. Finalmente, virá o estudo da flora e da fauna em sua diversidade sem limites.

Os empuxos eruptivos, as correntes resfriadas e os pórfiros gigantescos dir-vos-ão dos esforços da massa esbraseada levantando as cadeias em jorros agudos ou em zimbórios arredondados. Os vulcões são os orifícios respiratórios da Terra. Acima, sentem-se muito bem a circulação violenta, o empuxo da seiva e da vida que, sem esses exutórios, abalariam o solo, quebrariam a crosta planetária. As fontes quentes nos demonstram que as entranhas do globo encerram ainda a vida ardente, crepitante, prestes a jorrar, e que a ação do enorme e tenebroso ciclope é sempre possível.

Do foco central, do fundo do abismo, sobem à superfície as forças expansivas que transformam os elementos, liquefazendo-os e carregando-os de eletricidades desconhecidas em seu transporte para o Sol, cujas irradiações os solicitam e os atraem através do espaço.

É o laboratório onde se trabalha a grande obra, a preparação do teatro em que se representarão os dramas da vida.

Para todos aqueles que a sabem amar e compreender, a montanha é uma longa e profunda iniciação.

* * *

A flor abre, às carícias do Sol e das lágrimas do rocio; de igual modo a alma se expande sob a influência radiosa da grande natureza. Sob essas poderosas impressões, tudo nela se comove e vibra. Ela ora, e sua prece é um grito de reconhecimento e de amor. Da prece, passa à contemplação, essa forma superior do pensamento, onde se infunde misteriosamente em nosso imo o sentido augusto, o sentido divino da obra universal.

Mas a contemplação não basta. A verdadeira vida é a ação; a lei nos impõe a luta e a provação; somente por elas adquire méritos. Nossos deveres e nossa tarefa cotidiana nos absorvem, nos retêm longe das fontes puras do pensamento. Eis por que é bom, é salutar, voltarmo-nos, de tempos em tempos, para a natureza, a haurir forças e inspirações. Quem quer que a desconheça ou a ignore, padece, diminui-se. Aos que a amam, ela comunica, em compensação, o socorro moral, o viático necessário para marchar através dos abrolhos e das brumas da vida, para o fim supremo, luminoso, longínquo.

De igual modo que o mar, e mais do que ele ainda, a montanha é paciente, fortificadora. Possui um princípio regenerador, que dá a calma aos nervos, a saúde aos degenerados, um meio de levantamento para a débil humanidade.

Na montanha, as agitações febris, as preocupações da vida factícia e acabrunhadora das cidades esvaem-se para dar lugar a um modo de existência mais simples, mais natural.

A altitude é uma escola de energia para aqueles que a cidade não enfraqueceu de todo.

As vastas perspectivas aguçam a vista. Os pulmões se dilatam ao ar puro dos cimos. Os obstáculos estimulam nossos esforços; a ascensão e a escalada nos dão músculos de aço. Ao mesmo tempo que as forças físicas se desenvolvem, as potências intelectuais se reconstituem, as vontades se retemperam. Ficamos habituados a agir, a vencer, a desprezar a morte.

A razão disso está em que a montanha tem seus perigos. Seus atalhos são escarpados, seus precipícios aterradores. A vertigem nos espia nas alturas. O vento aí é áspero em certos dias, e o raio retumba frequentemente. Ou então são as brumas repentinas que nos envolvem e nos escondem o perigo. Às vezes, é preciso caminhar sobre estreitas cornijas, entre o abismo e a avalancha, evitar as aberturas escancaradas das geleiras, descer os declives escorregadios que terminam nos sorvedouros.

No correr das minhas excursões, ouvi frequentemente troar, de eco em eco, o pesado ruído das quedas de pedras e de massas de neve. Em certo recanto selvagem dos montes, em certa quebrada solitária, nós nos encontramos, repentinamente, em presença de cruzes que marcam o lugar onde muitos viajantes pereceram. Em compensação, há também lá, no alto, todas as ebriedades, todas as harmonias da luz e os encantos que as planícies não conhecem. Percebe-se aí a sinfonia universal e misteriosa dos ruídos, dos perfumes, das cores, a íntima e doce música das brisas e das águas. Ali se goza melhor a melancolia das tardes, quando o aroma dos prados e dos bosques sobe do seio dos vales até os cimos. Então, a alma do homem rompe os laços que o encadeiam à carne e paira no éter sutil. Goza ele, nesse instante, de êxtases quase divinos.

O grande enigma

Não é sem razão que os fatos mais consideráveis da história religiosa se têm passado sobre os cimos. O Merom, o Gaya,[29] o Sinai, o Nebo, o Tabor e o Calvário são os altares soberbos de onde sobe, em poderoso transporte, a prece dos iniciadores. Nas almas de escol, a majestade dos grandes espetáculos desperta os sentidos íntimos, as faculdades psíquicas, e a comunhão com o invisível se estabelece. Mas, em graus diversos, quase todos sentimos essa influência. Nesses momentos, o que há de artificial ou de vulgar, em nossa existência, desaparece para dar lugar a impressões sobre-humanas.

É qual clareira que se abre no meio de nossas trevas, através das densas fumaradas que nos escondem habitualmente o céu e asfixiam as mais belas inteligências. Em um instante percebemos o mundo superior, celeste, infinito. Então, as irradiações do pensamento divino descem, qual benéfico orvalho, à maravilhada alma.

Longe dos preconceitos e das rotinas sociais, a alma se expande livremente, encontra o seu gênio peculiar: o *awen* dos druidas. Suas seguras intuições lhe dizem que todos os sistemas são estéreis e que somente a grande mãe-natureza, o grande livro vivo, nos pode ensinar a verdade e a beleza perfeitas. Nas horas de recolhimento profundo, seja quando o Sol lança a prodigalidade de sua púrpura sobre a assembleia dos montes, seja quando a Lua derrama sua luz argêntea no meio do silêncio formidável, um diálogo solene se estabelece entre a alma e Deus.

Esses grandes pousos da vida são indispensáveis para que nos retemperemos, nos reconheçamos, para que possamos ver o fim supremo e nos orientemos, em passo seguro, para esse fim. Então, à semelhança dos profetas, descemos dos cimos, engrandecidos, iluminados de uma claridade interior.

Aos apelos do meu pensamento, as recordações despertam em multidão. Eis-nos nos Pireneus, em ascensão ao pico de Ger, perto de Eaux-Bonnes. Para atingir a plataforma rochosa, espécie de mirante que constitui o cimo, é preciso empoleirarmo-nos sobre uma aresta, aguda qual lâmina de navalha, de cinquenta metros de comprimento, acima de um vertiginoso abismo profundo de dois mil pés! Mas, dali, que vista! Toda a cadeia central se desdobra, desde os montes Malditos até o pico de Anie, cujo negro cimo emerge de um mar de nuvens, qual ilha do seio do oceano.

---

[29] Montanha da Índia onde Buda recebeu sua revelação.

A atmosfera é tão límpida, tão pura, que se distinguem os contornos dos montes mais longínquos. O Vignemale, o grupo dos grandes picos do Bigorre, com suas finas arestas, suas cores de geleiras, suas neves imaculadas, erigem-se quais brancos fantasmas sob a ardente luz do meio-dia. Graças à transparência do ar, os picos espanhóis, situados para além de cem quilômetros, mostram-se com tanta nitidez, que se poderia supor estarem próximos.

Eu os torno a ver, como se fosse ontem, esses cimos grandiosos, dominando linhas de cristal que se sucedem até o fundo do horizonte: o enorme Baleitous e, além, em uma aberta, o sombrio Monte-Perdido. Mais próximo, as formas familiares do Monné, do Gabizos, os pilones do Marboré, a brecha de Roland, velhos conhecidos que saúdo, de longe, com prazer.

Serenidade inalterável envolve essa assembleia de gigantes, reunida em um conciliábulo eterno. No primeiro plano, o pico granítico de Ossau, solitário e feroz, continua seu sonho de cem séculos.

Mais longe, esses cabeços avermelhados que se escalam para o sul pertencem à vertente espanhola, áspera, devorada pelo Sol, mas rica de colorido! Dessa vertente, explorei muitas vezes os circos selvagens, tão pouco conhecidos e de tão difícil acesso, as gargantas, despenhadeiros onde se precipitam torrentes invisíveis, que conseguiram cavar um leito subterrâneo no meio de um caos infernal. E que atalhos, cortados em forma de cornija nos flancos das paredes a pique! Aos nossos pés, abre-se o abismo, a muitas centenas de metros; sobre nossas cabeças, o abutre, de vorazes apetites, descreve grandes círculos. Entre essas cristas recortadas, alonga-se o Bramatuero, corredor sinistro, cortado de nevadas e lagos gelados, onde um padre italiano, que ia para Lourdes, foi assassinado alguns dias antes da minha passagem. Mais adiante, escondido no fundo de um circo em forma de funil, de paredes abruptas e desornadas, Panticosa, estação terminal espanhola. O sítio é triste; por toda parte, do fundo das gargantas, eleva-se o estrondo das águas, semelhante aos rumores de uma tropa em marcha ou ao rodar surdo dos carros.

Voltemos ao pico do Ger. Sobre a geleira vizinha, um guia me faz notar um ponto negro imóvel, que eu tomo por um rochedo. Mas a seus gritos, o objeto se desloca, move, escapole lentamente. Era um animal. Os gritos do guia despertaram os ecos da montanha. De todos os recantos do solo, das quebradas selvagens e das gargantas estreitas saem milhares de vozes. Dir-se-ia uma legião de duendes, de gnomos, de Espíritos escarninhos. O efeito é surpreendente.

Lancemos um último e demorado olhar sobre esse panorama esplêndido. Sob a cúpula azulada, as altas montanhas se tingem de tintas fundidas, de pureza e de riqueza incomparáveis. O sol do meio-dia derrama sobre elas uma profusão de claridade, um jorro de luz dourada, que aumenta o prestígio de suas formas fantásticas, atormentadas. Um mundo inteiro de torres, de agulhas, de picos canelados, de zimbórios, de campanários, de pirâmides, se levanta sob o céu, amontoado gigantesco de linhas, ora rudes e ásperas, ora arredondadas pelo rude trabalho das águas. Depois, aqui e ali, no intervalo, altas pastagens verdejantes, semeadas de currais, de onde sobem, em estreitos fios, fumos azulados, percebem-se as espessas florestas que bordam a fronteira, cascatas cintilantes, lagos tranquilos, risonhos prados e planaltos gelados, tristes, desertos de cascalhos e entulho, ruínas de montanhas derruídas.

Diante desse espetáculo, todas as impressões se fundem na sensação do imenso. É um esplendor de formas, de aspectos e de cores que não se podem descrever com as pálidas palavras da linguagem terrestre. O homem se reconhece bem pequeno; todas as suas obras lhe parecem efêmeras e miseráveis em face de tais colossos. Que estes se agitem somente, levantando os ombros, e todo trabalho humano desaparece, desmoronando-se. Mas a alma se engrandece pelo pensamento. Um mundo de intuições e de sonhos desperta. Ela sente que esses espetáculos são um simples antegozo das maravilhas que o destino lhe reserva em sua ascensão eterna, de orbe em orbe, na sucessão dos tempos e dos mundos siderais.

O Universo inteiro se reflete em nós outros qual em um espelho. O Mundo Invisível, por transmissão não percebida, liga-se ao mundo visível. Em cima, reina a Lei de Harmonia que rege ambos. A alma, em sua contemplação, projetada para além de si própria, exteriorizada de alguma sorte, penetra-os e abraça-os. Em um momento, sentiu passar por si o grande frêmito do Infinito; comungou com o Pensamento Supremo; compreendeu que este só criou os mundos para que servissem de degraus às ascensões do Espírito.

***

Certa tarde de julho, no curso de um passeio solitário nos arredores de Eaux-Bonnes, perdi-me na montanha, cheia de bosques, de Gourzy. Tendo vindo a noite e tornando-se impossível a volta pelas sendas escarpadas que eu tinha percorrido, tive de resignar-me a esperar que o dia retornasse e descansei num leito de relva improvisado. Essa noite deixou em minha memória uma recordação cheia de encanto e poesia penetrantes. Quantas impressões recolhidas! Eu ouvia os gemidos, os apelos dos hóspedes dos bosques: a raposa, o galo das charnecas, o grande mocho das montanhas, de grito quase humano. A vida rodava em volta de mim, misteriosa; eu lhe percebia os rumores, as palpitações ligeiras.

Em uma touceira, a certa distância, iluminação estranha atrai a minha atenção; aproximo-me: é uma assembleia de pirilampos; suas pequenas lanternas verdes constelam as ramadas, enquanto no céu outras luminárias mais poderosas resplandecem acima de minha cabeça. Posso acompanhar com os olhos, durante essa noite, todo o desfilar do exército celeste. Depois, com a marcha solene das estrelas, o levantar da Lua, cuja trêmula claridade passa através da folhagem e vem brincar entre os musgos e os fetos. Nenhum pensamento de temor perturba minha alma. Sinto-me cercado de beatitude inexprimível. A grande voz da torrente retine no silêncio da noite, entretendo-me com coisas graves e profundas. Que diz ela? Diz a aspiração para o divino, conta a imortalidade, a participação de todos os seres segundo suas forças, na obra imensa, na potente harmonia do mundo. Ela diz: "Observa meu curso; é a imagem do teu destino. Agora fujo, torrente impetuosa, por entre os blocos atormentados. Minha onda rola em cascatas ou se quebra em espumas; mais tarde, porém, tornar-me-ei o largo rio, cortado de ilhas, que correrá calmo, imponente, através da esmeralda dos prados, sob a opala do céu". Eis o que diz a voz solene, soberba de grandeza e de eloquência, enquanto contemplo os céus.

Lá em cima, outros problemas me atraem. Para onde vão esses mundos inumeráveis? Em virtude de que forças se movem, se procuram no seio do insondável abismo? Sempre, no fundo de tudo, surge o Pensamento de Deus, Energia eterna, eterno Amor! A Mão que dirige os astros na extensão, escreveu ali um nome, em letras de fogo! Todos esses mundos conhecem seu trilho, sua missão sagrada; prosseguem infalivelmente. Sabem que representam um papel no Plano Divino e a este se associam estreitamente. Todo o segredo da natureza está nisso. Os mares, as florestas e as montanhas não dizem outra coisa. A Via Láctea, que desenrola através do espaço sua poeira de mundos; os cedros gigantescos, que estendem seus longos ramos acima dos precipícios; a flor, que se expande aos beijos do Sol; tudo nos murmura: É a Ele que devemos o ser; é por Ele que vivemos e morremos!

Sim, está ali o santuário em que a alma se abre e se expande à visão do grande céu e de Deus, autor de sua ordem e sublime beleza. É aquele o templo da religião eterna e viva, cuja inelutável lei está escrita nas frontes das noites estreladas e nas profundezas da consciência humana!

Mas eis a alvorada, o majestoso levantar do Sol sobre os cimos longínquos. Qual esfera de metal incandescente, o astro-rei sobe no horizonte. A princípio, os cimos dentados dos picos flamejam na luz renascente, e, de igual modo que na tarde anterior, tinha ela subido rapidamente em volta de mim, enquanto a sombra descia com igual velocidade. Como se um véu se tivesse rasgado, todas as minúcias da floresta, as altas ramarias, as escarpas abruptas dos rochedos e as sinuosidades do caminho se iluminam. Admirável prestígio da cor! Em um instante tudo se anima, freme, palpita; o céu e a Terra vibram em largo estremecimento. Acima da garganta estreita onde canta a torrente, a negra silhueta do pico de Ossau se desenha nitidamente. E retomo o caminho do hotel, bendizendo as circunstâncias que me permitiram gozar tais espetáculos.

* * *

Outras impressões me esperavam nos Alpes. Poder-se-ia dizer com razão que os Pireneus, por suas formas esbeltas, arrojadas, elegantes, representam o tipo feminino da montanha. Eles têm frequentemente o encanto e a graça da mulher. Um véu ligeiramente adorna suas frontes soberbas. Outras vezes, jorro de luz os transfiguram, transformando-os em montanhas-fadas.

Os Alpes, com suas formas maciças, sua potente ossatura, lembram de preferência o tipo masculino. Eles simbolizam a força, a duração, a grandeza austera, parecendo os marcos gigantescos que determinam as fronteiras do tempo e da eternidade.

Quando se contempla pela primeira vez o Monte Branco, esse gigante solitário cujo cimo domina a Europa, sente-se o homem como que esmagado diante dessa imensa brancura semelhante a um sudário. Com efeito, sua aparência é a da morte. Entretanto, sob esse manto de gelo, esconde-se uma vida sempre ativa, quente, fulgurante, que se manifesta e difunde pelas fontes ferventes de Saint-Gervais.

Adicionai as cinquenta léguas de geleiras que coroam os Alpes, seus vastos reservatórios subterrâneos, que dão nascimento aos maiores rios do ocidente, vertendo a fecundidade sobre tantas planícies, e tereis um aspecto de tal cadeia formidável.

No maciço do Oisans, a sensação não é menos viva que no Monte-Branco. Do belvedere da Tête-de-Meie, vê-se alevantar uma floresta inteira de picos e de agulhas, um rendado completo de granito. No dia em que subi, as geleiras resplandeciam, fundindo-se lentamente sob os ardores do Sol; de toda parte, jorravam as torrentes e as cascatas. A passagem das águas, engolfando-se no solo, produzia um ruído surdo, que variava de hora em hora, segundo o volume da massa líquida. Ao redor de mim, o deserto; tão longe quanto a vista pudesse alcançar, nem um ente humano. O silêncio impressionante das alturas me envolve. Não se ouve senão o murmúrio das águas e as queixas do vento que agita as ervas e as florinhas alpestres. Uma flora maravilhosa se ostenta nessas alturas. Eis a *edelweiss* e a agrinete de haste frágil. Campânulas balançam suas graciosas campainhas. Mais longe, é a genciana azul, bordada de negro, tão altiva em suas atitudes, a soberba anêmona amarela, tão apreciada pelos botânicos. Depois, é a dafne, a orquídea, *digitalis*, vinte espécies de que ignoro os nomes; em uma palavra, todo um pequeno mundo vegetal se expande sob esse céu de fogo. O ar se embalsama.

Fechando o horizonte, o Meije, esse terrível "comedor de homens", mostra seus contrafortes potentes, coroados por um diadema de neve e de gelo. O Pelvoux, o Barra dos Escrínios, outros cimos ainda, erigem-se qual família de titãs disposta em semicírculo.

* * *

Eis-nos na Grande Chartreuse. Passei muitos dias nesse asilo de paz e de recolhimento. Explorei-lhe os arredores, passeando sob as abóbadas sombrias da floresta que o encerra, escutando a canção das torrentes, os grandes órgãos dos ventos nas ramadas, as vozes longínquas dos pastores e dos lenhadores. Os sons do sino do mosteiro me chegavam nas asas da brisa; suas vibrações, em ondas sonoras, iam morrer e renascer e depois perder-se no fundo das gargantas e nas encostas das montanhas. De todos os lados a vista é limitada por grandes cimos calvos, ásperos, nus, batidos pelas tempestades. Mas o pensamento do Absoluto, do Infinito, envolve estes montes, e o olhar de Deus pousa por sobre todas as coisas.

No grande silêncio do claustro, ressoam lentamente as horas no relógio. Quantas almas sacudidas pelas tempestades da vida têm vindo buscar ali o repouso e o esquecimento! Essa mística cristã, que as atraía, tem profundezas de abismos que fascinam. Sem dúvida ela se perde em muitos pontos e se afasta das realidades invisíveis. Cria no cérebro do crente todo um mundo de ilusões, de quimeras supersticiosas impostas pela tirania dos dogmatistas. Entretanto, ela não é sem beleza. Nas épocas de ferro e de sangue, a vida monástica era o único refúgio para uma alma delicada e estudiosa. Mesmo nos tempos modernos, podia ser, até certo ponto, um meio de encaminhamento para as coisas superiores, uma preparação para o Além. Eis por que, desse santuário alpestre, irradiam sobre todo o país benéficas influências. Já há algum tempo, os monges desapareceram, a Chartreuse foi abandonada; o sítio perdeu seu prestígio religioso.

Da tribuna reservada aos visitantes, assisti ao ofício da meia-noite. Três fracas luzes espaçadas na nave da capela esbatem sozinhas a obscuridade profunda. Os chartreuses chegam, um a um, munidos de pequena lanterna e ganham suas cadeiras. Os salmos começam: invocações, gritos de chamamento de almas em sofrimento: *Deus in adjutorium meum intende!* "Meu Deus, vinde em meu socorro! Senhor, apressai-vos, eu sucumbo!".

Essa lamentação do velho Job, que atravessou os séculos, parece resumir toda a dor humana. É a queixa dos corações partidos, de todos aqueles que se desatam desta Terra de provações, em que não veem mais que desesperança, abandono, exílio, para buscar, no seio do Pai, auxílio, consolação.

Esses monges austeros que deixam o duro grabato para se unirem em pensamento à humanidade sofredora, esses cânticos de tristeza pungente, que retinem à hora em que todos repousam, tudo isso é comovente.

Os salmos se sucedem em um ritmo lento, grave, solene. Dessas notas melancólicas, frequentemente monótonas, sobressai, de tempos em tempos, um grito de amor, verdadeira flor da alma que, desse oceano de misérias humanas, sobe até o céu para implorar ao Criador. Dentro em pouco, as frases salmódicas cessam. Na penumbra da bancada, os religiosos prostrados parecem imergidos em profunda meditação. Enfim, irrompe o último apelo de David em sua penitência, último soluço da humanidade aflita, que um raio de esperança ilumina e aquece: *De profundis clamavi ad te Domine, exaudi vocem meam.* "Das profundezas da minha dor gritei por ti, Senhor, ouve a minha prece!".

* * *

O cemitério do convento é de aspecto lúgubre. Nenhuma laje, nenhuma inscrição determina as sepulturas. Na fossa aberta, deposita-se simplesmente o corpo do monge, revestido de seu hábito e estirado sobre uma tábua, sem esquife; depois, cobrem-no de terra. Nenhum outro sinal, além de uma cruz, designa a sepultura desse passageiro da vida, desse hóspede do silêncio, do qual ninguém, à exceção do prior, saberá o nome verdadeiro!

Será a primeira vez que percorro esses longos corredores e esses claustros solitários? Não! Quando sondo o meu passado, sinto estremecer em mim a misteriosa cadeia que liga minha personalidade atual à dos séculos escoados. Sei que entre os despojos que ali jazem, nesse cemitério, há um que meu Espírito animou. Possuo um terrível privilégio, o de conhecer minhas existências passadas. Uma delas acabou nesses lugares. Depois dos cinco lustros de lutas da epopeia napoleônica, nas quais o destino me havia imergido, exausto de tudo, afrontado pela vista do sangue e do fumo de tantas batalhas, aqui vim buscar a paz profunda. Na série de vidas sucessivas, uma existência monástica pode ser útil, pois nos ensina a renúncia das coisas mundanas, a concentração do pensamento, a austeridade dos costumes. No claustro, o Espírito se liberta de sugestões materiais e se abre às visões divinas!

Seria bom que todas as almas descidas à carne conservassem a lembrança de suas anterioridades? Não penso assim. Deus agiu sabiamente velando aos nossos olhos, ao menos durante a difícil passagem pela vida terrestre, as cenas trágicas, os desfalecimentos, os erros funestos de nossa própria história. Nosso presente fica, assim, aliviado; a tarefa atual torna-se mais fácil. Chegará sempre, à nossa volta para o Espaço, tempo de ver alçarem-se diante de nós os fantasmas acusadores. Sem dúvida, muitos não terão que temer semelhante quadro. Que a paz esteja em seus Espíritos! Quanto a mim, sei uma coisa: quando deixar a Terra para voltar ao Além, as vozes do passado elevar-se-ão e gritarão contra mim, porque fui culpado, e o sangue enrubesceu minhas mãos. Mas as almas que eu pude esclarecer e consolar nesta vida levantar-se-ão também, eu o espero, para falar em meu favor, e o julgamento supremo a meu respeito será, assim, atenuado.

XIV
Elevação

Espírito, alma, tu que percorres estas páginas, donde vens e para onde vais? Sobes do fundo do abismo e galgas os degraus inumeráveis da escada da vida. Tu caminhas para as moradas eternas, onde a grande Lei nos chama e para as quais a mão de Deus nos conduz. Vais para a luz, para a sabedoria, para a beleza!

Contempla e medita! Por toda parte, obras belas e potentes solicitam tua atenção. Em teu estudo, haurirás, com coragem e confiança, o justo sentimento do teu valor e do teu futuro. Os homens só se odeiam, só se desprezam, porque ignoram a ordem magnífica pela qual estão todos estreitamente aproximados.

Teu caminho é imenso, mas o fim excede em esplendor tudo quanto podes conceber. Agora pareces bem pequeno no meio do colossal Universo, mas tu és grande pelo pensamento, grande por teus destinos imortais.

Trabalha, ama e ora! Cultiva tua inteligência e teu coração! Desenvolve tua consciência; torna-a mais vasta, mais sensível. Cada vida é um cadinho fecundo, de onde deves sair purificado, pronto para as missões futuras, maduro para tarefas sempre mais nobres e maiores. Assim, de esfera em esfera, de círculo em círculo, prosseguirás em tua carreira, adquirindo forças e qualidades novas, unido aos seres que amaste, que vivem e reviverão contigo.

Evolverás em comum, na espiral das existências, no seio de maravilhas insuspeitadas, porque o Universo, e assim tudo, se desenvolve pelo trabalho e expande suas metamorfoses vivas, oferecendo gozos, satisfações sempre crescentes, sempre renovadas, às inspirações, aos puros desejos do Espírito!

Nas horas de hesitação, volta-te para a natureza: é a grande inspiradora, o templo augusto em que, sob véus misteriosos, o Deus escolhido fala ao coração do prudente, ao Espírito do pensador. Observa o firmamento profundo: os astros que o povoam são os estádios de tua longa peregrinação, as estações da grande via a que teu destino te conduz.

Vem! elevemos nossas almas; paira um instante comigo, pelo pensamento, entre os sóis e os mundos! Mais alto, sempre mais alto, no éter insondável! Lá embaixo, a Terra não é mais que um ponto na vasta extensão. Diante de nós e acima de nós, os astros se multiplicam. Por toda parte, esferas de ouro, fogos de esmeraldas, de safira, de ametista e de turquesa descrevem seus movimentos ritmados. Em nossos rumos, voga astro enorme, arrastando uma centena de mundos planetários em sua órbita, centenas de mundos que evolucionam em curvas sábias. Apenas entrevisto, ei-lo que já foge, continuando a carreira com o seu esplêndido cortejo.[30]

Depois dele, apresentam-se dez sóis de cores diferentes, grupados na mesma atmosfera luminosa que os cerca, como que a formar uma faixa de glória.

E sempre os sistemas sucedem aos sistemas, paraísos ou galés flutuantes, mundos magníficos, vestidos de azul, de ouro e de luz. Mais longe, os cometas errantes, as pálidas nebulosas das quais cada átomo é um sol no berço.[31] Sabe de uma coisa: todos esses mundos são as moradas de

---

[30] As estrelas, cujo afastamento faz que se pareçam imóveis, movem-se em todos os sentidos, em virtude de leis pouco conhecidas. Movimentos formidáveis arrastam cada foco sideral no turbilhão do infinito. Nosso Sistema Solar voa com grande velocidade para a constelação de Hércules e vence em 650 séculos uma distância igual à que nos separa da estrela Alfa do Centauro. Nosso astro central é um dos mais modestos sóis: Canopo o excede em mais de 10.000 vezes em brilho, Arcturo em 8.000. Visto de sua superfície, nosso ofuscante foco seria um ponto imperceptível.

[31] Segundo as observações telescópicas e a fotografia celeste, a ciência estabelece que nosso Universo se compõe de um milhar de milhão de estrelas. Camille Flammarion crê que este Universo não é único. Nada prova, diz ele, que esse bilhão exista só no infinito e que, por exemplo, não haja um segundo, um terceiro, um quarto e cem e mil universos semelhantes aos outros. Esses universos podem ser separados por espaços absolutamente vazios, desprovidos de éter e, por consequência, invisíveis uns dos outros. Parece até que conhecemos já algumas das estrelas que não pertencem ao nosso Universo sideral. Podemos citar, por exemplo, com Newcomb, a estrela 1.830 do catálogo de Groombridge, a mais rápida, cujo movimento foi determinado. Este foi avaliado em 320.000 metros por segundo, e a força atrativa de nosso Universo inteiro não pode ter determinado tal velocidade. Segundo todas as probabilidades, essa estrela vem de fora e atravessa nosso Universo qual um projetil. O mesmo se pode dizer da de número 9.352 do catálogo de Lacaille, e mesmo de Arturu, a quarta em grandeza das estrelas visíveis e de Mu de Cassiopeia (conferência de agosto de 1906). Acrescentamos que as potências da natureza são sem limites na extensão e na duração. A luz, que percorre 300.000 quilômetros por segundo, leva 200 séculos a atravessar a Via Láctea, formigueiro de estrelas do qual fazemos parte. Essas famílias ou nebulosas são inúmeras, e todos os dias se descobrem novas, por exemplo, a segunda de Órion, cuja extensão terrífica

outras sociedades de almas. Até pelas longínquas estrelas, cujos alvores trêmulos levam centenas de séculos a chegar ao nosso orbe, por toda parte, a família humana estende seu império; por toda parte temos irmãos celestes. Somos destinados a conhecer todas essas moradas e a gozá-las. Reviveremos nessas terras do espaço, em corpos novos, a fim de aí adquirir forças, conhecimentos, méritos maiores e nos elevarmos ainda mais alto em nossa perpétua viagem.

Tantos mundos quantas escolas para a alma, quantos campos de evolução para cultivar o nosso entendimento e, ao mesmo tempo, para construir organismos fluídicos cada vez mais delicados, purificados, brilhantes. Depois das lutas, dos tormentos, dos reveses de mil existências árduas, depois das provações e das dores dos ciclos planetários, virão os séculos de felicidade, nesses astros felizes, cujas claridades projetam sobre nós raios de paz e de alegria. Em seguida, as missões benditas, os novos apostolados, a tarefa invejável de provocar o estímulo, o desabrochar das almas adormecidas, de auxiliar, por nossa vez, nossos irmãos mais moços em suas peregrinações através das regiões materiais.

Enfim, atingiremos as sublimes profundezas, o céu de êxtase, onde vibra, mais poderoso, mais melódico, o Pensamento Divino, onde o tempo e a distância se anulam, onde a luz e o amor unem as suas irradiações, onde a Causa das causas, em sua fecundidade incessante, concebe para todo o sempre a vida eterna e a eterna beleza!

Acrescentamos que as potências da natureza são sem limites na extensão e na duração. A luz, que percorre 300.000 quilômetros por segundo, leva 200 séculos a atravessar a Via Láctea, formigueiro de estrelas do qual fazemos parte. Essas famílias ou nebulosas são inúmeras, e todos os dias se descobrem novas, por exemplo, a segunda de Órion, cuja extensão terrifica a imaginação. Vivemos no seio de um absoluto sem limites, sem começo e sem fim.

Em nossos dias, o céu não pode ser o que foi tanto tempo para a ciência humana, isto é, um espaço vazio, triste e deserto. O infinito se transforma e se anima. O círculo de nossa vida se alarga em todos os sentidos. Sentimo-nos ligados a esse Universo por mil laços. Sua vida é a nossa; sua história é nossa história. Fontes desconhecidas de meditação,

---

a imaginação. Vivemos no seio de um absoluto sem limites, sem começo e sem fim. Ver, também, para pormenores, a nota complementar nº 3, no fim deste livro.

de sensação, se abrem; o futuro toma aos nossos olhos caráter muitíssimo diferente. Uma impressão profunda nos invade ao pensar em destinos tão amplos. Para sempre somos unidos a tudo que vive, ama e sofre. De todos os pontos do espaço, de todos esses astros que brilham na extensão, partem vozes que nos chamam, as vozes dos nossos irmãos mais velhos; e essas vozes nos dizem: "Marcha, marcha, eleva-te pelo trabalho; faze o bem; cumpre o teu dever. Vem a nós outros que, iguais a ti, pensamos, lutamos e sofremos nesses mundos da matéria. Vem prosseguir conosco tua ascensão para Deus!".

* * *

Dos espaços majestosos, baixemos nossos olhares para a Terra. Apesar de suas proporções modestas, ela tem, sabemo-lo, seus encantos, sua beleza. Cada sítio tem sua poesia, cada paisagem sua expressão, cada vale seu sentido particular. A variedade é tão grande nos prados do nosso mundo quanto nos campos estrelados. O verão é o sorriso de Deus! Nada mais suave, mais inebriante do que a apoteose de um belo dia em que tudo é carícia, doçura, luz. A florinha escondida na relva, o peixe que se esgueira entre as águas, fazendo espelhar ao sol suas escamas de prata, o pássaro que modula suas notas do alto das ramadas, o murmúrio das fontes, a canção misteriosa dos álamos e dos olmeiros, o perfume selvagem dos musgos, tudo isso acalenta o pensamento, regozija o coração. Longe das cidades, encontra-se a calma profunda que penetra a alma, separando-a das lutas e das decepções da vida. Só e então se compreende a verdade destas grandes palavras: "O ruído é dos homens, o silêncio é de Deus!".

A contemplação e a meditação provocam o despertar das faculdades psíquicas e, por elas, todo um Mundo Invisível se abre à nossa percepção. Ensaiei, no correr desta obra, exprimir as sensações experimentadas do alto dos cimos ou à borda dos mares, descrever o encanto dos crepúsculos e das auroras; a serenidade dos campos, sob o real esplendor do Sol, o prodigioso poema das noites estreladas, a sublimidade dos luares, o enigma das águas e dos bosques. Há momentos de êxtase em que a alma se transporta fora do seu invólucro e abraça o Infinito; horas de intuição e entusiasmo em que o influxo divino nos invade qual uma onda irresistível, em que o Pensamento supremo vibra e palpita em nosso íntimo, onde brilha, por um instante, a centelha do gênio. Essas horas inolvidáveis, eu as vivi algumas vezes e, em cada uma delas, acreditei na visita, na penetração do Espírito. Devo-lhes a inspiração de minhas mais belas páginas e de meus melhores discursos.

Aquele que se recolhe no silêncio e na solidão, diante dos espetáculos do mar ou das montanhas, sente nascer, subir, crescer em si mesmo imagens, pensamentos, harmonias que o arrebatam, encantam e consolam das terrestres misérias, e lhe abrem as perspectivas da vida superior. Compreende então que o pensamento de Deus nos envolve e nos penetra quando, longe das torpezas sociais, sabemos abrir-lhe nossas almas e nossos corações.

* * *

Certamente poderiam fazer-nos muitas objeções. Por exemplo, dizerem-nos: "Fazeis sobressair os encantos da natureza, mas não nos mostrais a sua fealdade. Ela não tem somente sorrisos e carícias; possui também revoltas, cóleras, furores. Não falais dos monstros, nem dos flagelos que se lhe deparam. Que utilidade achais na existência dos animais ferozes, dos reptis, das plantas venenosas? Por que as convulsões do solo, as catástrofes, as epidemias, todos os males que geram o sofrimento humano?".

Ser-nos-á fácil responder. O belo, diremos, necessita dos contrastes. Todos os artistas, pensadores, escritores de valor, o sabem. E quando verificamos que, no conjunto dos mundos, a Terra ocupa um lugar inferior, e é, antes de tudo, para os Espíritos moços, uma escola, uma pousada de lutas, de provação e, às vezes, de reparação, como admirar-nos de que não seja dotada de todas as vantagens que possuem os mundos superiores?

Os perigos, os obstáculos e as dificuldades de toda espécie são fatores essenciais ao progresso, outros tantos aguilhões que estimulam o homem em seu caminhar, outras tantas causas que o constrangem a observar, a adquirir engenho, a tornar-se previdente, comedido em seus atos. É na alternativa forçada do prazer e da dor que está o princípio da educação das almas. Daí a necessidade para os seres, desde os mais rudimentares até os mais desenvolvidos, de lutar e de sofrer. O progresso não poderia realizar-se sem o equilíbrio indispensável dos sentimentos opostos, gozos e penas que se alternam no ritmo grandioso da vida. Mas é principalmente a dor, física e moral, que forma a nossa experiência: a sabedoria humana é o seu prêmio.

Quanto aos movimentos sísmicos, às tempestades, às inundações, notemos que têm suas leis. Essas leis, basta conhecê-las para se lhes prever e atenuar os efeitos. Quando se estudam os fenômenos da natureza e o pensamento penetra no fundo das coisas, reconhece-se isto: o que é um mal, na aparência, se torna, em realidade, um bem.[32] A grandeza do espírito humano consiste em elevar-se da confusão, do caos das contingências à concepção da ordem geral. Ele pode então sentir-se em segurança no meio dos perigos do mundo, porque compreendeu as grandes leis que, à custa de alguns acidentes, asseguram o equilíbrio da vida e a salvação das raças humanas.

O homem em quem o sentido profundo, o sentido das coisas divinas ainda não despertou, o cético, em uma palavra, quaisquer que sejam sua inteligência e seu saber em outras matérias, recusa-se a admitir essas coisas. Seria tão supérfluo insistir quanto explicar a um cego de nascença as cores do Sol e das auroras, os jogos da luz sobre as águas ou sobre as geleiras. Ser-lhe-ão necessários choques da adversidade, o concurso das circunstâncias dolorosas, que o colocarão em contato direto com o seu destino e lhe farão sentir, juntamente com a utilidade dos sofrimentos, essas noções de sacrifício e de esperança pelas quais a vida toma seu sentido real e elevado.

Somente, então, poderá penetrar o grande mistério do Universo e compreender que tudo tem sua razão de ser, que a dor tem seu papel e que podemos tirar proveito de tudo, da provação, da moléstia e da própria morte, porque tudo, segundo o uso que fazemos, pode concorrer para o nosso adiantamento, para o nosso melhoramento moral. Desde então, a confiança e a fé o ajudarão a suportar pacientemente o inevitável, a abolir a desventura presente, a sofrer em paz. O conhecimento da Lei lhe dá a certeza de melhores dias e de um futuro sem-fim.

A partir desse dia, sua vida, tão obscura, tão vulgar, incolor que é, iluminar-se-á de um raio de luz e de poesia, porque a poesia mais verdadeira é feita da ressonância íntima da sinfonia eterna e do acordo de nossos pensamentos, de nossos sentimentos e de nossos atos com a pauta de nosso destino.

* * *

Falando qual o fizemos no correr destas páginas, seremos, sem dúvida, acusados de misticismo por mais de uma vez. Mas todos aqueles cuja sensibilidade e juízo despertaram, que se desenvolveram sob a ação das provações e das lutas da existência, saberão compreender-nos.

---

[32] Vide *Depois da morte*, cap. IX.

O grande enigma

Certos Espíritos terra a terra são inclinados a acoimar de místicos, de alucinados, de visionários, todos aqueles cujas percepções excedem o circuito limitado de seus pensamentos habituais. Supõem-se Espíritos muito positivos e muito práticos, ao passo que, na realidade, as almas evolvidas, libertas dos preconceitos e das paixões, desdenhosas dos pequenos interesses materiais, têm, somente elas, a intuição das grandes e altas realidades da vida.

Em resumo, a natureza e a alma são irmãs, com esta diferença: uma evolve, invariavelmente, segundo um plano estabelecido, e a outra, por si mesma, esboça, em uma página em branco, as grandes linhas do seu destino. São irmãs, porque provêm ambas da mesma Causa eterna e estão unidas por milhares de laços. É o que explica o império da natureza sobre os seres. A natureza atua sobre as almas sensíveis qual o magnetizador sobre o seu paciente, provocando o desligamento do Espírito de sua crisálida de carne. Então, na plenitude de faculdades psíquicas, a alma percebe um Mundo Superior e Divino que escapa à maior parte das inteligências.

Nunca esqueçamos isto: tudo que cai sob os sentidos físicos, tudo que é do domínio material, é transitório, submetido à Lei da Destruição, à morte. As realidades profundas, eternas, pertencem ao mundo das causas, ao domínio do invisível. Nós próprios pertencemos a esse mundo, pela parte imperecível de nosso ser.

Eis que, pouco a pouco, a experimentação psíquica e as descobertas dela decorrentes se propagam e se estendem. O conhecimento do duplo fluídico do homem, sua ação a distância, antes e depois da morte, a aplicação das forças magnéticas, a manifestação das potências invisíveis, vêm demonstrar a todo observador atento que o mundo dos sentidos é uma pobre e obscura prisão, comparada ao domínio imenso e radioso aberto ao Espírito.[33]

Os sentidos interiores e as faculdades profundas da alma dormitam ainda na maior parte dos homens que ignoram suas riquezas escondidas, seus poderes latentes. É essa a razão pela qual seus atos se ressentem de falta de base, de ponto de apoio. Daí, tantas fraquezas e desfalecimentos. Mas a hora do despertar está próxima. O homem aprende a conhecer sua alma, a extensão de seus poderes, de seus atributos; desde logo a separação

---

[33] Vide *Cristianismo e espiritismo*: provas experimentais da sobrevivência; *No invisível* e *O problema do ser, do destino e da dor*.

e a morte deixarão de existir para ele; a maior parte das misérias que nos assediam desaparecerão, nossos amigos do Espaço virão mais facilmente nos visitar, corresponder conosco. Uma comunhão íntima se estabelecerá entre o Céu e a Terra, e a humanidade entrará em fase mais alta e mais bela de seus gloriosos destinos.

* * *

Com a vista enfraquecida pelo trabalho, lanço ainda um olhar sobre esses céus que me atraem e sobre essa natureza que eu amo. Saúdo os mundos que serão mais tarde nossa recompensa: Júpiter, Sírius, Órion, as plêiades e essas miríades de focos, cujos raios trêmulos têm tantas vezes vertido em minha alma ansiosa a paz serena e as inefáveis consolações.

Em seguida, do Espaço, lanço meu olhar para esta Terra que foi meu berço e será meu túmulo. Ó Terra, planeta, nossa mãe, campo de nossos labores e de nossos progressos, onde, lentamente, através da obscuridade das idades, minha consciência desabrocha com a consciência da humanidade, tu flutuas no infinito, acalentada pelos eflúvios divinos; derramas em volta de ti as vibrações potentes da vida que se agita em teu seio. Dir-se-ia uma harmonia confusa, feita de rumores e de vagidos, uma harmonia que sobe do meio dos mares e dos continentes, dos vales e das florestas, dos rios e dos bosques, e à qual se mistura a queixa humana: murmúrio das paixões, vozes de dor, ruídos de trabalho e cânticos de festa, gritos de furor e choques de exércitos. Às vezes, também notas calmas e graves dominam esses rumores; a melodia humana substitui as harmonias da natureza e o ruído das forças em ação; o cântico da alma, liberta das servidões inferiores, saúda a luz. Um cântico de esperança sobe para Deus em hosana, numa prece.

É tua alma, ó Terra! que desperta e faz esforços para sair de obscura ganga, para misturar sua irradiação e sua voz às irradiações e às harmonias dos mundos siderais. É tua alma que canta à alba renascente da humanidade, porque esta desperta a seu turno, sai da noite material, do abismo de suas origens. A alma da humanidade, que é a da Terra, busca-se, aprende a conhecer-se, a penetrar sua razão de ser; pressente seus grandes destinos, quer realizá-los.

Prossegue tua carreira, Terra que eu amo! Muitas vezes, já, meu Espírito sorveu em teus elementos as formas necessárias à sua evolução. Durante séculos, ignorante e bárbaro, percorri teus caminhos, tuas florestas, voguei sobre teus oceanos, nada sabendo das coisas essenciais, nem do fim a atingir.

Mas eis que, chegando ao entardecer da vida, a essa hora crepuscular em que uma nova tarefa se acaba, em que as sombras se elevam à vontade e cobrem todas as coisas com seu véu melancólico, considero o caminho percorrido; em seguida, dirijo meus olhares para diante, para a clareira que se vai abrir para mim no Além e para suas claridades eternas.

A esta hora, em que minha alma se separa, pouco a pouco, de teus liames, ó Terra, e se prepara para te deixar, ela compreende o fim e a lei da vida. Consciente do teu papel e do meu, reconhecido a teus benefícios, sabendo por que existo, por que ajo e como é preciso agir, eu te bendigo, ó Terra, por todos os gozos e por todas as dores, pelas provações salutares que me proporcionaste, porque, em tudo que te devo — sensações, emoções, prazeres, sofrimentos —, reconheço os instrumentos de minha educação, de minha elevação. Eu te bendigo e te amo, feliz, quando te deixar, pelo pensamento de voltar mais tarde, em nova existência, para trabalhar ainda, para sofrer, para me aperfeiçoar contigo, contribuindo, por meus esforços, para o teu progresso e o de meus irmãos, que são também teus filhos.

Terceira Parte

A lei circular, a missão do século XX

XV
A lei circular

- A vida
- As idades da vida
- A morte

A lei circular preside a todos os movimentos do mundo, rege as evoluções da natureza e as da história da humanidade. Cada ser gravita em um círculo, cada vida descreve um circuito, toda a história humana se divide em ciclos.

Os dias, as horas, o ano e os séculos rolam na órbita do espaço e do tempo e renascem, porque seu fim, se há um fim, é precisamente o de voltar ao princípio. Os ventos, as nuvens, as águas, as flores e a luz seguem o mesmo destino. Os ventos voltam de novo, pelas mesmas órbitas, para as cavernas misteriosas donde procedem.

O vapor sobe para as alturas; forma nuvens, verdadeiros oceanos suspensos sobre nossas frontes. As nuvens que plainam no espaço, mares imensos e móveis, fundem-se em chuvas e tornam a ser os rios e os regatos que já foram. Assim, o Ródano, o Reno, o Danúbio e o Volga já têm rolado acima de nossas cabeças antes de correr a nossos pés. É essa a lei, a lei da natureza e da humanidade.

Todo ser já existiu; renasce e sobe, evolve, assim, em uma espiral, cujas órbitas vão aumentando cada vez mais, e é por isso que a história vai tomando um caráter universal: é o corso e ricorso de que fala o filósofo italiano Gianbattista Vico.

Uma vez colocados esses princípios, consagremos essa meditação a estudar as idades da vida humana: a mocidade, a idade madura, a velhice, à luz dessa grande lei, sendo a morte sua coroação e apoteose. Desses estudos surgirá o grande princípio espiritualista da reencarnação, o único que explica o mistério do ser e do seu destino.

É preciso renascer — é essa a lei comum do destino humano que também evolve em um círculo de que Deus é o centro.

"Ninguém", dizia Jesus a Nicodemos, "ninguém verá o Reino de Deus — isto é, não compreenderá a lei de seu destino — se não renascer da água e do espírito."

A reencarnação está claramente expressa nessas palavras, e Jesus repreende a Nicodemos "ser mestre em Israel e desconhecer essas coisas".

Quantos, entre nossos mestres contemporâneos, são passíveis da mesma censura! Há muitos que se contentam com a noção superficial da vida e nunca se sentem tentados a olhar para o fundo! É tão fácil negar as coisas para fugir ao dever e ao trabalho de estudar e compreender!

O positivista jamais encara o problema da origem, nem o dos fins; contenta-se com o momento presente e o explora da melhor maneira. Muitos homens, mesmo inteligentes, agem igual àquele. Por seu lado, o católico limita-se a crer no que manda a Igreja, que faz da vida um mistério do começo ao fim, pondo-lhe alguns milagres no meio; e quando estas duas palavras são pronunciadas — milagre, mistério —, todos se inclinam, todos se calam, todos creem. Por outra parte, os universitários só acreditaram, durante muito tempo, nos dados da experimentação. Para eles, tudo que não figurasse em seus programas era destituído de valor. Nunca os ídolos de Bacon tiveram tantos adoradores. A ciência oficial também, há meio século, vem apenas contribuindo com diminuto progresso para o pensamento moderno.

Entretanto, o médico dos nossos dias, tão ligado, até então, aos sistemas materialistas da escola, começa a sacudir o jugo; e é das fileiras da medicina atual que saem os doutores mais autorizados e mais competentes do espiritualismo.

A próxima geração será mais feliz e ainda mais bem dotada. Cresce uma mocidade que não surge de nenhum pedagógico e só se instrui na grande escola da natureza e da consciência íntima. Essa será verdadeiramente a mocidade livre, isto é, independente de qualquer educação factícia, de qualquer método empírico e convencional. Ela ouve as verdadeiras vozes: a voz interior, a voz subliminal do ser, a voz que explica o homem ao homem e resolve o teorema do destino com a clareza que lhe é possível.

É para essa sociedade de amanhã que escrevo estas páginas; dedico-as aos iniciados e aos avisados, àqueles que, segundo a palavra do Mestre, têm olhos de ver e ouvidos de ouvir.

Voltemos, pois, à lei circulatória da vida e do destino, isto é, à doutrina da reencarnação.

Resumiremos ligeiramente a exposição científica, porque nosso fim não é fazer trabalho dogmático, senão apenas nos entregarmos às efusões platônicas sobre a vida, suas fases, sobre o destino e sobre a morte, que a remata, aparentemente, para lhe permitir retomar o seu novo curso.

* * *

O nascimento. A união da alma e do corpo começa com a concepção e só fica completa na ocasião do nascimento. É o invólucro fluídico que liga o Espírito ao gérmen; essa união se vai apertando cada vez mais até tornar-se completa, e isso se dá quando a criança vê a luz do dia terrestre. No intervalo da concepção ao nascimento, as faculdades da alma vão, pouco a pouco, sendo aniquiladas pelo poder sempre crescente da força vital recebida dos geradores, que diminui o movimento vibratório do perispírito, até o momento em que o Espírito, na criança, fica inteiramente inconsciente. Essa diminuição vibratória do movimento fluídico produz a perda da lembrança das vidas anteriores, de que breve trataremos.

O Espírito na criança dormita em seu invólucro material, e, à medida que se aproxima o nascimento, suas ideias se apagam e, assim, o conhecimento do passado, de que não tem mais consciência quando abre os olhos à luz do dia. Essa consciência só voltará quando, pela desmaterialização final ou pelas influências profundas da exteriorização, na hipnose, a alma retomar seu movimento vibratório e encontrar seu passado e o mundo adormecido de suas recordações. Eis a verdadeira gênese da vida humana.

As aquisições do passado são latentes em cada alma: as faculdades não se destroem; têm raízes no inconsciente e sua aparência depende do progresso anteriormente capitalizado, dos conhecimentos, das impressões, das imagens, do saber e da experiência. É o que constitui o "caráter" de cada indivíduo vivo e lhe dá as aptidões originais e proporcionais a seu grau de evolução.

A criança adquire de seus pais apenas a força vital, à qual é preciso ajuntar certos elementos hereditários. Por ocasião da encarnação, o perispírito se une, molécula por molécula, à matéria do gérmen. Nesse gérmen, que deve mais tarde constituir o indivíduo, reside uma força inicial que resulta da soma dos elementos de vida do pai e da mãe no momento da geração. Esse gérmen contém uma energia potencial maior, ou menor, que, transformando-se em energia ativa, durante o período total da vida, determina o grau de longevidade do ser.

É, pois, sob a influência dessa força vital, emanada dos geradores, que, por sua vez, a recebem dos antepassados, que o perispírito desenvolve suas propriedades funcionais. Assim, o duplo fluídico reproduz, sob a forma de movimentos, o traço indelével de todos os estados da alma, desde seu primeiro nascimento. Por outra parte, o gérmen material recebe a impressão de todos os estados sucessivos do perispírito: há aí um paralelismo vital absolutamente lógico e harmonioso. Torna-se, assim, o perispírito o regulador e o apoio da energia vital modificada pela hereditariedade. É por aí que se forma o tipo individual de cada um. Ele é o "mediador plástico" do filósofo escocês Wordsworth, a tessitura fluídica permanente, através da qual passa a torrente da matéria fluente que destrói e reconstrói incessantemente o organismo vivo. É a armadura invisível que sustém interiormente a estátua humana.

O perispírito é o princípio de identidade física e moral que mantém, indefectível, no meio das vicissitudes do ser móvel e mutável, o princípio do "eu" consciente. A memória que nos dá a certeza íntima de nossa identidade pessoal é a irradiação reflexa desse perispírito.

Tal é a origem de nossa vida.

Em realidade, somos unicamente filhos de nós próprios. Os fatos aí estão para confirmar tal asserção. Os filósofos do século XVIII, com seu sistema da alma comparada a uma tábua rasa, sobre a qual nada ainda existe escrito, estão, pois, enganados. Os doutores do generacionismo estariam mais perto da verdade; exageraram, entretanto, o alcance de sua doutrina, e assim suas conclusões.

Cada encarnação perispiritual introduz, sem dúvida, modalidades novas na alma da criança, que reedita sua vida, mas encontra o terreno já cultivado para isso. Platão tinha razão quando dizia: "Aprender é recordar-se".

Assim se explicam os fenômenos de cultura e a fisiologia dos grandes gênios de que fala a história: a ciência dominante de Pico della Mirandola; a intuição de Pascal, reconstituindo, aos 13 anos de idade, os teoremas de Euclides; Mozart, compondo, com a idade de 12 anos, uma de suas obras mais célebres.

Pode suceder, entretanto, que as leis de hereditariedade embaracem a manifestação do gênio, porque o Espírito molda o seu corpo, mas só se pode servir dos elementos postos à sua disposição por essa hereditariedade.

O que acabamos de dizer basta, por enquanto, para justificar cientificamente a Doutrina luminosa das vidas sucessivas.

Responderemos, em poucas palavras, à objeção dos que não cessam de redizer que, se nossas vidas fossem múltiplas, delas conservaríamos, pelo menos, uma vaga lembrança.

Já vimos como e por que se perde, na ocasião do nascimento, a memória do passado. Esse eclipse parcial e momentâneo das existências anteriores é absolutamente necessário para conservarmos intacta, aqui, em nosso mundo, a liberdade. Se delas nos recordássemos com muita facilidade, haveria confusão na ordem lógica e fatal do destino; e o Mestre disse em seu Evangelho: "Infeliz daquele que, tendo posto a mão na charrua, olhar para trás".

Traçar um sulco firme e seguro exige olhar para diante e fixar unicamente o futuro.

A obliteração do passado, entretanto, não é nem absoluta, nem definitiva. O perispírito, que registrou todos os conhecimentos, todas as sensações, todos os atos, acorda; sob a influência do hipnotismo, as vozes profundas do passado se fazem ouvir. Assemelhamo-nos às árvores milenárias das florestas. Seus lustros e decênios estão inscritos nos círculos concêntricos da casca secular; assim, cada idade de nossas existências sucessivas deixa uma zona inalterável sobre o perispírito, que retraça fielmente os matizes mais imperceptíveis do passado e os atos mais aparentemente apagados da vida mental e de nossa consciência.

Mas é notadamente à hora da morte que o perispírito, prestes a desprender-se, sente despertar na memória as visões adormecidas das existências transatas. Atesta-o a experiência de cada dia.

Por um médico amigo, ouvimos dizer que, em sua mocidade, estando a ponto de afogar-se, no momento em que começava a asfixia, todos os quadros de sua vida se desenrolaram no pensamento em sucessão retrógrada, com pormenores e acompanhados de sensação de bem ou de mal em cada um dos atos de sua vida inteira.

Era o julgamento espiritual que começava. Esse julgamento, sabe-se, não é mais que o balanço instantâneo da consciência, que faz pronunciemos, nós mesmos, o veredito que nos fixa a sorte no novo mundo onde vamos ingressar.

Agora que conhecemos a lei da existência e a Doutrina científica da encarnação, ser-nos-á mais fácil compreender as vicissitudes da viagem terrestre, as idades pelas quais passamos e o papel que cada degrau da vida humana vem ter na economia harmoniosa do seu conjunto.

Aparecer-nos-ão, assim, a adolescência, a idade madura e a velhice sob o verdadeiro aspecto; debaixo dessa luz elevada do espiritualismo, saberemos melhor apreciar e compreender. Morrer para reviver, reviver para morrer e para viver ainda, tal é a lei única e universal.

O nascimento e a morte são os pórticos luminosos ou obscuros, sob os quais é preciso que passemos para entrar no templo do destino.

Fato estranho! essa ciência profunda da origem das coisas, essa gênese do ser, essa lei do destino, a Antiguidade as conhecia e as compreendia infinitamente melhor que nós outros. O que mal começamos a restabelecer e provar cientificamente já o sabiam, por intuição e iniciação, a Grécia, o Egito, o Oriente. Formava o fundo dos mistérios físicos e de Elêusis, espécie de representação dramática da reencarnação das almas, da sua entrada no Hades, depuração e transmigração sucessivas.

Essas festas duravam três dias e traduziam, em uma trilogia comovente, todo o mistério deste mundo e do Além.

No fim das iniciações solenes, os sábios eram sagrados por toda a vida, e os povos, a quem só se deixava ver a parte simbólica e hieroglífica de tais verdades esotéricas, pressentiam-nas, sob o revestimento do símbolo, e guardavam, assim, o verdadeiro sentido da vida. Hoje, esse sentido, nós o perdemos. O Cristianismo primitivo, o de Jesus e o dos apóstolos, possuía-o ainda.

A partir do dia em que o espírito grego, em sua sutileza, criou a Teologia, o senso esotérico desapareceu e a virtude secreta dos ritos hieráticos evaporou-se, qual se fosse a virtude de um sal insípido. A escolástica sufocou a primeira revelação sob suas montanhas de silogismos e argumentos especiosos e sofísticos.

A mitologia pagã possuía, no mais elevado grau, a inteligência das origens e a noção da gênese vital. Sob a forma de mitos poéticos, transpirava a verdade inicial, tal qual sob a casca da árvore se revela a seiva da vida.

* * *

É à luz do espiritualismo que desejo estudar as diversas fases da vida humana, ligando-as e comparando-as às estações alternadas que se sucedem no tempo.

Igual a Maurice de Guérin, o iluminado e iniciado que morreu jovem, tal como ocorre a todos "os amados dos deuses", queríamos poder também "penetrar os elementos interiores das coisas, remontar o raio das estrelas e a corrente dos rios e da vida, até o imo dos mistérios de sua geração; ser admitido, enfim, pela grande natureza, no mais retirado de suas divinas moradas, isto é, ao ponto de partida da vida universal. Lá nos supreenderia, certamente, a causa primeira do movimento, e ouviríamos o primeiro cântico dos seres em sua matinal frescura".

Esses dons intuitivos são, em certos homens, uma das formas mais elevadas da mediunidade. A mediunidade, pode-se dizer, é una em seu princípio e multiforme em suas manifestações: é a verdadeira iniciação íntima, o misterioso idioma com que o mundo superior se comunica com a alma, com o pensamento daqueles que escolheu para correspondentes na Terra.

Meditemos, pois, a essa luz e nessas disposições, sobre o mistério da vida humana e as harmonias secretas que presidem às suas fases sucessivas e às diferentes idades, verdadeiras estações da alma, que dão, cada uma por sua vez, suas flores e seus frutos.

Os poetas têm cantado a mocidade com a opulência de seus dons, o brilho de suas cores, os surtos de sua força, o encanto de sua graça e de sua beleza...

"A mocidade é semelhante às florestas", diz ainda Maurice de Guérin, em seu imortal *O Centauro*, "às florestas verdejantes, atormentadas pelos ventos; ela mostra, por todos os lados, as ricas dádivas da vida; profundo murmúrio penetra sempre em sua folhagem."

A imagem é bela e bela principalmente pela sua justeza e verdade.

O que caracteriza a mocidade é a opulência, a plenitude da vida, a superabundância das coisas, o impulso para o futuro. A dedicação, a necessidade de amar, de nos comunicarmos, caracteriza esse período da vida em que a alma, novamente ligada a um corpo cujos elementos são novos e fortes, se sente capaz de empreender vasta carreira e promete a si mesma grandes esperanças.

A mocidade tem capital importância, porque é a primeira orientação para o destino; nela o esquecimento do passado é completo; este não existe mais, e todas as suas potências estão voltadas para o futuro. Eis por que os moralistas e os educadores concentraram sua experiência e seus esforços nesse prefácio da vida humana, do qual dependerá todo o livro. "A esperança da seara está na semente", dizia Leibniz; a promessa dos frutos está igualmente contida no sorriso das flores.

O Cristianismo monacal e medieval falseou completamente a noção da vida e da educação. Preconizando a fealdade física e o desprezo do corpo, não compreendeu que a alma talha seu corpo, tal qual Deus forma a alma, e que o corpo deve trazer a assinatura de ambos, firma que deve ser a assinatura da beleza.

Enquanto o nosso século ou o que se seguir não tiver corrigido esse erro, nada terão feito para o verdadeiro progresso do mundo. Embelezai os corpos, se quiserdes semear as almas e aplainar o caminho do destino. Não esqueçais, ó futuros educadores de povos, que a fealdade é um elemento mórbido.

Torna-se, pois, necessário, refazer completamente a educação da mocidade se desejarmos acelerar as vitórias e o progresso do século por vir. É preciso que tudo em torno dessa juventude — homens e coisas, artes, ciências, literatura — tudo lhe fale de grandiosidade, nobreza, força, glória e beleza.

Quando a mocidade antiga ia concorrer anualmente às festas gloriosas da Olimpíada, desde que punha o pé na cidade célebre, era empolgada pela magia fascinadora da beleza.

Os edifícios, com sua impecável simetria; o Fórum, com suas soberbas estátuas, representando ora a formosura de Hércules, ora a de Apolo; o concurso religioso do povo; a majestade dos templos; a harmoniosa organização da festa; as coroas de mirto e louro, que faziam já recender o orgulho da vitória; tudo falava aos efebos vindos das extremidades da Ática para lutar no *stadium*: "Ó jovens, sede felizes, sede grandes, sede belos, sede fortes!". Um pouco mais além, no santuário de Olímpia, Zeus de Fídias, radiante de imortal beleza, consagrava, com seu gesto divino, essa lição solene e harmoniosa das coisas.

É preciso ressuscitar essa disciplina da Antiguidade sagrada se quisermos refazer a juventude e a força da humanidade.

Tudo repousa hoje na ciência oficial — para método, na democracia — para princípio social. Eis precisamente que ambas estão ameaçadas. A ciência materialista esvai-se na dissecação e na análise; decompõe em lugar de criar, disseca em lugar de agir.

Por outra parte, a democracia, em suas obras vivas, traz já os gérmens da decadência. Preconiza a mediocridade em todos os gêneros; proscreve o gênio e desconfia da força; o século XX começou com esse balanço intelectual e moral, impotente e doloroso. O erro foi tomar a ciência por ideal e a democracia por fim, enquanto que ambas são meios, apenas.

A mocidade de amanhã deverá reagir vigorosamente contra essas duas idolatrias — a de hoje já começa a fazê-lo. Há, entre os nossos jovens, alguns Espíritos de elite, iniciados, esclarecidos da primeira hora, que desbravam o caminho e preparam o êxodo e a marcha do Espírito para o futuro. São os espiritualistas de bom quilate, os que sabem que lá, onde sopra o Espírito, é que está a verdadeira bondade.

Será a divisa da legião nova, isto é, da mocidade livre, liberta das peias de falsas disciplinas, da mocidade que se interroga e se ausculta a si própria, que ouve as vozes íntimas e procura compreender seu destino, estudando o mistério e a Lei da Evolução.

Será o "Reino do Espírito" a que as almas amantes da Altura aspiram. Certamente, o fim ainda está longe de ser atingido; é preciso pulverizar muitos ídolos, cujo pedestal é rebelde ao martelo do demolidor; entretanto, tudo nos orienta para esse termo, entrevisto pelos pensadores, para além dos horizontes de nossa idade: uma força para aí nos conduz, assim qual impele um batel o vento do mar largo; e esperamos, antes de morrer, poder saudar de longe a terra prometida, que o sol futuro iluminará com sua glória matinal e suas fecundas claridades.

* * *

A idade madura é, em realidade, a idade de ouro da vida, porque é a época da colheita, o messidor, em que a maturação se opera no coração, no Espírito, em todo o ser. As exuberâncias da mocidade são aclaradas, à semelhança das aleias, das abertas que o lenhador traçou na opulência da floresta. As ilusões e os sonhos brilhantes se desvanecem sob a bruma dourada que outrora recobria as coisas; veem-se aparecer as linhas graves, as formas austeras da realidade.

Os que nos rodeiam não têm mais na fronte a auréola poética que nossa imaginação criadora lhes havia colocado; o próprio amor nos revelou alguns de seus desfalecimentos, talvez mesmo traições; enfim, demonstrou-nos que a própria virtude não é, por vezes, mais que uma palavra. Nesse período da vida, uma grande desgraça ameaça a maior parte dos homens: o ceticismo.

Infeliz daquele que se deixa invadir por essa larva malsã que neutraliza todas as forças da maturidade! É, então, bem ao contrário, que o homem deve redobrar de ânimo, revelar em si o santo entusiasmo da mocidade. Felizes daqueles cujo coração guardou a fé dos primeiros dias!

Sem dúvida, a idade madura é menos prática, menos primaveril que a adolescência; as flores decaíram do seu colorido e perfume; mas os frutos, igualando-se aos dos ramos de uma árvore, começam a aparecer na extremidade da alma.

Na mocidade, sente-se o homem engrandecer; sente-se amadurecer no meio da vida, e é esta uma das mais nobres e mais produtivas paragens da evolução humana. A idade madura é, por excelência, o período da plenitude; é o rio que corre com toda a força e espalha pelas campinas a riqueza e a fecundidade.

Nas almas evoluídas, ricas do capital acumulado nas vidas anteriores, as grandes obras são escritas ou esboçadas na mocidade; o gênio é adolescente, podemo-nos exprimir assim.

A maior parte dos grandes homens da História sentiram desde sua primeira mocidade subir ao horizonte do pensamento a estrela que um dia lhes iluminaria a glória e a imortalidade.

Cristóvão Colombo era ainda criança e já o visitavam as visões do Novo Mundo. Rafael era imortal antes de ter atingido a segunda mocidade. Milton contava 12 anos de idade quando germinou em seu pensamento a primeira ideia do paraíso perdido. Mas, para a maioria dos homens — porque o gênio é a exceção —, o talento, só, é a regra ordinária. É na maturidade da vida, no meio da floresta, como se exprimia o Dante, que se realizam, tanto os grandes pensamentos quanto as grandes obras. A arte da vida consiste em preparar a idade madura, qual o trabalhador prepara, apressadamente, a colheita.

Dever-se-ia fazer durar muito tempo, bastante tempo, esse período medieval de nossa existência, em que a vida perispiritual esplende em sua pujança, possui todo o poder radiante e vibratório; e, por isso, se torna necessário conservar o mais tempo possível um alimento essencial de ação e de trabalho: sangue puro, sistema nervoso disciplinado, corpo vigoroso e são, essa *mens sana in corpore sano* de que fala o sábio e que é o equilíbrio perfeito da vida física, intelectual e moral. Compreende-se, então, quanto a harmonia e a ordem do ser humano são coisas difíceis de organizar e conquistar.

Quantas mocidades brilhantes e cheias de promessa caem em abril, a exemplo do que ocorre com as flores!

O grande inimigo da idade madura, e assim o da vida inteira, é o egoísmo. O homem se diminui e mata pela necessidade de gozar. As paixões carnais e cerebrais calcinam o homem pelas duas extremidades, se assim se pode dizer: esvaziam o cérebro e o coração. O sangue não rejuvenesce com presteza necessária a retardar a velhice; e é assim que, antes do prazo real, a morte chega. É preciso dar para reaver, e o sacrifício se torna elemento conservador, pois, diz o Mestre: "aquele que tem muito cuidado em guardar a vida, por essa mesma razão a compromete e perde". "Não há ninguém que viva tanto na Terra, quanto aquele que está sempre prestes a morrer." "Eles te chamam, tu foges", diz o poeta à morte, "eu quero viver, tu vens".

A idade madura é o verão de nossa existência terrena; a exemplo da estação estival, é feita de ardores, cheia de luz; o nascer do sol é logo manhã; o poente é radioso, e as noites alumiadas suntuosamente pelas estrelas. Sente-se aí a criatura feliz com o viver; tem a consciência de sua força, e dela sabe servir-se. É quando atinge física e moralmente o ponto culminante da beleza. Porque há uma beleza na idade madura, e esta é a verdadeira. Um de nossos erros está em crer que a beleza da mocidade é a única senhora da vida; falta-lhe, entretanto, o elemento principal: a força, resultante do equilíbrio geral e harmonioso do ser.

A idade mediana é a idade da vitória; a adolescência revela a rosa e o mirto; à maturidade da vida se reservam os lauréis. O trabalho, a inspiração e o amor reúnem-se para lhe tecer as coroas: é a hora solene em que os troféus vêm colocar-se a seus pés. Todas as divindades favoráveis lhe sorriem, todos a favorecem. A fortuna viril e o gênio tutelar da pátria convidam-na a sacrificar em seus altares.

* * *

A velhice é o outono da vida; no último declínio, a vida está no inverno. Somente com o pronunciar esta palavra — velhice —, sente-se já o frio que sobe ao coração; a velhice, segundo o modo de ver comum dos homens, é a decrepitude, a ruína; ela recapitula todas as tristezas, todos os males, todas as dores da vida; é o prelúdio melancólico e aflitivo do último adeus. Há aí um grave erro. Em regra geral, nenhuma fase da vida humana é inteiramente deserdada dos dons da natureza, e muito menos das bênçãos de Deus. Por que o derradeiro quartel da existência, o que precede imediatamente a coroação do destino, será mais triste que os outros? Seria uma contradição — e esta não pode existir na obra divina, em que tudo é harmonia comparável à da composição viva de um concerto impecável.

Ao contrário, a velhice é bela, é grande, é santa.

Vamos estudá-la um instante, à luz pura e serena do Espiritualismo.

Cícero escreveu um eloquente tratado sobre a velhice. Sem dúvida, tornamos a encontrar nessas célebres páginas alguma coisa do gênio harmonioso desse grande homem; é, no entanto, uma obra puramente filosófica e que só contém vistas frias, uma resignação estéril e abstrações puras.

Precisamos colocarmo-nos em outro ponto de vista para compreender e admirar a peroração augusta da existência terrestre.

A velhice recapitula todo o livro da vida, resume os dons das outras épocas da existência, sem as ilusões, nem as paixões, nem os erros.

O ancião viu o nada de tudo quanto deixa, entreviu a certeza de tudo o que há de vir, é um vidente. Sabe, crê, vê, espera. Em torno da fronte, coroada de cabeleira branca qual a faixa hierática dos antigos pontífices, paira majestade sacerdotal. À falta de reis, entre certos povos, eram os velhos que governavam.

A velhice é ainda, e apesar de tudo, uma das belezas da vida e certamente uma de suas mais altas harmonias.

Diz-se muitas vezes: que belo velho! Se a velhice não tivesse estética especial, por que tal exclamação?

Entretanto, é preciso não esquecer que, em nossa época, "há" já o dizia Chateaubriand", muitos velhos, o que não é a mesma coisa, e poucos anciães!".

O ancião, com efeito, é bom, indulgente, estima e encoraja a mocidade; seu coração não envelheceu. Os velhos, porém, são ciumentos, malévolos e severos; e, se nossas gerações novas perdem o culto de outrora pelos antepassados, não é, precisamente, porque os velhos deixaram de ter a alta serenidade, a benevolência amável que fazia, primitivamente, a poesia dos antigos lares?

A velhice é santa, pura quanto a primeira infância; por isso, aproxima-se de Deus e vê mais claro e mais longe nas profundezas do Infinito.

Ela é, em realidade, um começo de desmaterialização. A insônia, característico ordinário dessa idade, disso oferece a prova material. A velhice assemelha-se à vigília prolongada, à vigília da eternidade, e o velho é uma espécie de sentinela avançada, na extrema fronteira da vida; já tem um pé na terra prometida e vê a outra margem, a segunda vertente do destino. Daí, essas ausências estranhas, essas distrações prolongadas que costumamos tomar por enfraquecimento mental e que são, em realidade, explorações momentâneas no Além, isto é, fenômenos de expatriação passageira. Eis o que nem sempre se compreende. A velhice, tem-se dito muitas vezes, é a tarde da vida, é a noite. A tarde da vida, em verdade; mas há tardes belas e poentes com reflexos de apoteose.

É a noite, mas a noite é tão bela, com o seu ornato de constelações!

Igual à noite, a velhice tem suas vias-lácteas, suas estradas brancas e luminosas, reflexo esplêndido de longa vida, cheia de virtude, de bondade, de honra! A velhice é visitada pelos Espíritos do invisível, tem iluminações instintivas; um dom maravilhoso de adivinhação e profecia; é a mediunidade permanente, e seus oráculos são o eco da voz de Deus.

Eis por que são duplamente santas as bênçãos do ancião.

Devem-se guardar no coração os últimos transportes do ancião que morre, qual o eco longínquo de uma voz amada de Deus e respeitada pelos homens.

A velhice, quando é digna e pura, assemelha-se ao nono livro da Sibila, que, por si só, vale o preço de todos os outros, porque os recapitula e, resumindo todo o destino humano, anula os outros livros.

Prossigamos nossa meditação sobre a velhice e estudemos o trabalho interior que nela se estabelece.

"De todas as histórias", diz-se, "a mais bela é a das almas." Isso é verdade. É belo penetrar nesse mundo interior e surpreender as leis do pensamento, os movimentos secretos do amor.

A alma do ancião é uma cripta misteriosa, esclarecida pela alba inicial do sol do outro mundo.

De igual forma que as antigas iniciações se davam nas salas profundas das pirâmides, longe do olhar e do ruído dos mortais, abstratos e inconscientes, paralelamente, na cripta subterrânea da velhice, dão-se as iniciações sagradas, que preludiam as revelações da morte.

As transformações, ou melhor, as transfigurações operadas nas faculdades da alma pela velhice são admiráveis. Esse trabalho interior resume-se em uma única palavra: a simplicidade.

A velhice é eminentemente simplificadora de tudo. Simplifica, a princípio, o lado material da vida, suprime todas as necessidades irreais, as mil necessidades artificiosas que a mocidade e a idade madura nos tenham criado e que faziam, de nossa existência complicada verdadeira escravidão, servidão, tirania. Já o dissemos acima: é um começo de espiritualização.

Dá-se o mesmo trabalho de simplificação na inteligência. As coisas adquiridas tornam-se mais transparentes; no fundo de cada palavra, encontra-se a ideia, entrevê-se Deus.

O ancião tem uma faculdade preciosa: a de esquecer. Tudo que lhe foi fútil, supérfluo na vida, apaga-se; só conserva na memória, qual o fundo de um cadinho, o que foi substancial.

A fronte do velho não tem mais a atitude altiva e provocadora da mocidade, a da idade viril; ela pende, sob o peso do pensamento, lembrando um fruto maduro.

O ancião curva a testa e inclina-se sobre o coração. Procura converter em amor tudo quanto lhe resta de faculdades, de vigor, de lembranças. A velhice não é uma decadência: é realmente um progresso, caminhada avante para o termo; e esse título é uma das bênçãos do Céu.

A velhice é o prefácio da morte, é o que a torna santa, igual à vigília solene que faziam os iniciados antigos antes de levantar o véu que cobria os mistérios. A morte é, pois, uma iniciação.

* * *

Todas as religiões e todas as filosofias têm tentado explicar a morte; bem poucas lhe têm conservado o verdadeiro caráter.

O Cristianismo divinizou-a; seus santos encararam-na nobremente, seus poetas cantaram-na por uma libertação. Entretanto, os santos do

Catolicismo só viram nela a exoneração da servidão da carne, o resgate do pecado, e, por isso mesmo, os ritos funerários da liturgia católica espalham uma espécie de terror sobre essa peroração, aliás, tão natural, da existência terrestre.

A morte é, simplesmente, um segundo nascimento; deixamos o mundo pela mesma razão por que nele entramos, segundo a ordem da mesma lei.

Algum tempo antes da morte, um trabalho silencioso se executa. A desmaterialização já está começada. Poderiam verificá-la por certos sinais, quantos rodeiam o moribundo, se não estivessem distraídos pelos fatos externos. A moléstia goza aqui de papel considerável. Ela acaba em alguns meses, em algumas semanas, em alguns dias, apenas, o que o lento trabalho da idade havia preparado: é a obra de "dissolução" de que fala o apóstolo Paulo. Essa palavra dissolução é muito significativa: indica nitidamente que o organismo se desagrega e que o perispírito se "desliga" do resto da carne em que estava envolvido.

Que se passou nesse momento supremo a que todas as línguas chamam "agonia", isto é, o último combate?

Pressente-se, adivinha-se.

Um grande poeta moribundo traduziu tal instante solene neste verso: "É este o combate do dia e da noite".

Com efeito, a alma entra em um estado crepuscular, está no limite extremo, na fronteira dos dois mundos e é visitada pelas visões iniciais daquele em que vai entrar. O mundo que deixa envia-lhe os fantasmas da lembrança e todo um cortejo de Espíritos lhe aparece do lado da aurora.

Ninguém morre só, pela mesma forma que ninguém nasce só. Os invisíveis que o conheceram, que o amaram, que o assistiram aqui, em nosso orbe, vêm ajudar o moribundo a desembaraçar-se das últimas cadeias do cativeiro terrestre.

Nessa hora solene, as faculdades aumentam; a alma, já meio desprendida, dilata-se; começa a entrar em sua atmosfera natural, a retomar a vida vibratória normal, e é por isso que, nesse momento, se revelam, em alguns agonizantes, fenômenos curiosos de mediunidade.

A *Bíblia* está cheia dessas revelações supremas. A morte do patriarca Jacó é o tipo perfeito da desmaterialização e de suas leis. Os 12 filhos estão reunidos em torno do leito, formando uma viva coroa funerária. O ancião recolhe-se e, depois de reconstituir o passado, as lembranças, profetiza a cada um deles o futuro da família e de sua raça.

A vista se lhe estende mais longe ainda: percebe na extremidade dos tempos aquele que deve um dia recapitular toda a mediunidade secular do velho Israel, o Messias, e mostra, por último rebento de sua raça, aquele que resumirá toda a glória da posteridade de Jacó.

Nenhum faraó, em seu orgulho, morreu com tanta grandeza quanto esse velho obscuro e ignorado, que expirava a um canto da terra de Gessen.

Voltemos ao ato da morte. A desmaterialização está completa; o perispírito se desprende do invólucro carnal, que vive ainda algumas horas, talvez, de uma vida puramente vegetativa. Assim, os estados sucessivos da personalidade humana desenrolam-se em ordem inversa àquela que preside ao nascimento. A vida vegetativa, com que o ser havia começado no seio maternal, é agora a última a extinguir-se; a vida intelectual e a vida sensitiva são as duas primeiras que partem.

Que se passa então? O Espírito, isto é, a alma e seu envoltório fluídico e, por consequência, o eu, leva a última impressão moral e física que teve na Terra e a conserva durante um tempo mais ou menos prolongado, conforme o grau respectivo de sua evolução. Eis por que convém rodear a agonia dos moribundos de palavras doces e santas, de pensamentos elevados, porque são esses últimos gestos, essas últimas imagens que se imprimem nas folhas do livro subliminal da consciência; é a linha última que o morto lerá desde sua entrada no Além, ou antes, desde quando tiver consciência de seu novo modo de ser.

A morte é, pois, em realidade, uma passagem, uma transição e uma translação. Se devemos tomar à vida moderna uma imagem, comparemo-la a um túnel. Com efeito, a alma avança no desfiladeiro da morte, mais ou menos lentamente, segundo seu grau de desmaterialização e espiritualidade.

As almas superiores, que sempre viveram nas altas esferas do pensamento e da virtude, atravessam essa obscuridade com a rapidez do trem expresso que desemboca, em um instante, na plena luz do vale, mas é esse um privilégio de pequeno número de Espíritos evoluídos; são os eleitos e os sábios.

Não falaremos aqui dos criminosos, dos seres animalizados, de instintos grosseiros, que viveram, ou antes, vegetaram toda uma existência nos pântanos do vício e na enxurrada do crime. Para estes é a noite, a noite cheia de terríveis pesadelos. Temos dificuldade, entretanto, em crer que as fronteiras do Além e os caminhos da vida errática estejam povoados desses seres terríveis a que os ocultistas chamam elementais. Só se poderiam ver aí símbolos e imagens, reflexos de paixões, vícios, crimes que os perversos cometeram na Terra.

Encaremos aqui, apenas, as vidas ordinárias, as existências que seguem tranquilamente as fases lógicas do seu destino. É a condição comum da maior parte dos mortais.

A alma entrou na sombria galeria: aí fica em obscuridade, ou antes, em uma penumbra próxima da luz. É o crepúsculo do Além. Os poetas, com muita felicidade, têm pintado esse estado e descrito esse meio-dia, esse claro-escuro do mundo extraterrestre.

Aqui, as analogias entre a vida e a morte são impressionantes. A criança permanece muitos dias sem fixar a luz e sem ter conhecimento do que a rodeia; seus olhos ainda não se abriram, e assim a irradiação do pensamento.

O recém-nascido no Mundo Invisível fica, também ele, algum tempo sem tomar conhecimento do seu modo de ser e de seu destino. Ele ouve, ao mesmo tempo, os murmúrios próximos ou remotos dos dois mundos; entrevê movimentos e gestos, que não poderia precisar, nem definir. Meio entrado na quarta dimensão, perde a noção precisa da terceira, na qual havia até então evoluído. Não dá mais tento, nem da quantidade, nem do número, nem do espaço, nem do tempo, pois que seus sentidos que, quais outros tantos instrumentos de óptica, o ajudavam a calcular, a medir, a pesar, se fecharam de repente, qual uma porta para sempre condenada. Que estado estranho, esse da alma, que tateia, cega, nas estradas do Além! E, no entanto, esse estado é real.

Nesse momento, as influências magnéticas da prece, das lembranças, do amor, podem gozar um papel considerável e apressar o advento das claridades reveladoras que vão iluminar essa consciência ainda adormecida, essa alma "em trabalhos" do seu destino. A prece, nesse caso, é uma verdadeira evocação, é o grito de apelo à alma indecisa e flutuante. Eis por que o esquecimento dos mortos e a negligência de seu culto são reprováveis e nos acarretam mais tarde olvidos semelhantes.

Esse período de transição, entretanto, e essa parada no túnel da morte são absolutamente necessários, em preparo da visão de luz que deve suceder à obscuridade.

É preciso que o sentido psíquico se vá adaptando proporcionalmente ao novo foco que o vai esclarecer.

Uma passagem súbita, sem transição nenhuma desta vida à outra, seria um deslumbramento que produziria perturbação prolongada. *Natura non facit saltus*, disse o grande Lineu; essa lei rege igualmente os graus progressivos do desprendimento espiritual.

É preciso que a visão da alma se engrandeça, que a ave noturna, impossibilitada de encarar a aurora, fortaleça as pupilas e possa, igual à águia, olhar de face o Sol com olhar intrépido. Esse trabalho de preparação executa-se progressivamente, durante a demora mais ou menos prolongada, no túnel que precede a vida errática propriamente dita. Pouco a pouco, vai a luz sendo feita; a princípio muito pálida, alba inicial que se ergue sobre a crista dos montes; depois, à alba sucede a aurora; aqui, a alma entrevê o mundo novo em que habita; ela pode ler em si mesma, e se compreende, graças a uma luz sutil que a penetra em toda a sua essência. Gradualmente, todo o seu destino, com as vidas anteriores e, antes de tudo, com a noção consciente e reflexa da última, vai revelando-se, qual em um clichê cinematográfico vibratório e animado. O Espírito, então, compreende o que é, onde está e o que vale.

As almas, por instinto infalível, vão para a esfera proporcionada a seu grau de evolução, à sua faculdade de iluminação, à sua aptidão atual de perfectibilidade.

As afinidades fluídicas conduzem-na, qual doce mas imperiosa brisa que impele um batel para outras almas similares com as quais vai unir-se em uma espécie de amizade, de parentesco magnético; e, assim, a vida, uma vida verdadeiramente social, mas de grau superior, reconstitui-se, tal qual outrora na Terra, porque a alma humana não poderia renunciar à sua natureza. A estrutura íntima, sua faculdade de irradiação, lhe impõe a sociedade que merece.

No Além, as famílias, os grupos de almas e os círculos de Espíritos reformam-se segundo as leis de afinidade e simpatia.

O purgatório é visitado pelos anjos, dizem os místicos teólogos. O mundo errático é visitado, dirigido, harmonizado pelos Espíritos superiores, dizemos nós. Aqui, em nosso orbe terráqueo, entre os eleitos pelo gênio, pela santidade e pela glória, houve e haverá sempre iniciadores. São predestinados, missionários que receberam por encargo fazer progredir o mundo na verdade e na justiça, com o preço de seus esforços, de suas lágrimas e, algumas vezes, de seu sangue.

As altas missões da alma jamais cessam. Os Espíritos sublimes, que têm instituído e melhorado seus semelhantes na Terra, continuam em mundo superior, em quadro mais vasto, seu apostolado de luz e sua redenção de amor.

Conforme dissemos no início destas páginas, é assim que a história eternamente recomeça e se torna cada vez mais universal. A lei circulatória que preside ao eterno progresso dos estados e dos mundos desenrola-se sem cessar em esferas e mundos cada vez mais engrandecidos; tudo recomeça no Alto, em virtude da mesma lei que faz tudo evolver no plano inferior. Todo o segredo do Universo aí está.

As almas, a quem a consciência acusa de haver falhado na última existência, compreenderam a necessidade de reencarnar e preparam-se para isso. Tudo se agita, tudo se move nessas esferas, sempre em vibração, sempre em movimento. É a atividade incessante, ininterrupta, progressiva, eterna. O trabalho dos povos na Terra nada é em comparação com esse labor harmonioso do Universo. Lá em cima, nenhum empecilho material, nenhum obstáculo carnal faz parar os surtos, nem entibia ou enfraquece o voo. Nenhuma hesitação, nenhuma ansiedade, nenhuma incerteza. A alma vê o fim, sabe os meios, precipita-se no sentido em que se deve dirigir.

Quem nos poderá descrever a harmonia dessas inteligências puras, o esforço dessas vontades firmes, o impulso desses amores mais fortes que a morte?

Que linguagem poderá jamais descrever a comunhão sublime e fraternal desses Espíritos que mantêm entre si diálogos ardentes quanto o é a luz, sutis quanto o são os perfumes, onde cada vibração magnética tem eco no próprio imo de Deus? Tal é a vida celeste; tal é a vida eterna; são essas perspectivas que a morte abre definitivamente diante do Espírito! Ó homem! compreende, pois, teu destino, sê altivo e feliz de viver; não blasfemes da lei de amor e beleza que abre diante de ti caminhos tão amplos e radiosos! Aceita a vida tal qual é, com as suas fases, alternativas, vicissitudes; ela é o prefácio, o prelúdio de outra vida mais elevada, onde planarás qual águia na imensidade depois de haveres penosamente rastejado em um mundo material e imperfeito.

Não é, pois, com um hino fúnebre que devemos acolher a morte, e sim com um cântico de vida, porque não é o astro da tarde que se ergue cruel, mas a estrela radiosa da verdadeira manhã.

Canta, ó alma, o hino triunfal, o hosana do novo século, no qual tudo vai nascer para destinos mais gloriosos. Sobe sempre mais alto na pirâmide infinita da luz e, semelhante ao herói da legenda do Excelsior, vai fixar tua tenda nos Tabores radiosos do Incomensurável, do Eterno!

XVI
A missão do século XX

Quando se lança um olhar rápido sobre o conjunto da história, esse verdadeiro livro do destino dos povos, parece que cada século tem um papel especial a preencher, uma particular missão a exercer na marcha da humanidade.

O século XX parece ter uma vocação superior a todos os outros.

Em sua primeira metade, assiste ao desmoronamento de tudo quanto constituiu o passado.

Em sua segunda metade, assentará as bases do mundo futuro, feito de beleza, de luz, de justiça, que nossos contemporâneos saudaram por miragem ainda longínqua desse novo mundo do pensamento e de ciência, mundo que pressentimos tal qual Cristóvão Colombo pressentiu a aproximação de um continente desconhecido.

A transição não se faz sem abalo, sem choques violentos. O espetáculo das decomposições que se produzem seria lamentável, se não soubéssemos que, às grandes ruínas, sucedem as grandes ressurreições.

A história, com efeito, apaga para poder escrever; o pensamento só destrói para reconstruir; é a Lei da Evolução, a marcha lógica da humanidade.

* * *

Assistimos ao aluir das religiões, ou melhor, dos ritos e formas culturais, porque a religião, em seu princípio, em sua essência, isto é, o voo da alma para o Infinito, a aspiração das inteligências para o ideal divino, a religião é indestrutível, quanto o é a verdade, inesgotável quanto o amor, inalterável quanto a beleza.

O que deve perecer e tende, dia a dia, a extinguir-se são as velhas fórmulas dogmáticas, o farisaísmo antigo, as disciplinas envelhecidas. É todo o aparelhamento sacerdotal e o culto dos ídolos.

A Religião Católica, em particular, abate-se ao peso de suas faltas seculares.

A Igreja Romana, desde há muito, não passa de potência política. Seus pontífices desconheceram a própria missão; seus padres perderam o senso da iniciação profunda e sagrada dos primeiros cristãos.

Assim se acentuou, pela abolição da Concordata e pela atitude do papa, durante a última guerra, a ruptura entre a Igreja e a sociedade moderna, a cisão entre o espírito de Roma e o do século.

* * *

Assistimos igualmente ao desabamento da ciência, não da verdadeira ciência, como o pretendia Brunetière, porque esta não pode perecer (a trabalhadora que jamais depõe a sua balança), mas da ciência materialista, a que dominou o mundo durante mais de cem anos.

Há meio século, Ernest Renan publicava um livro sobre o futuro da ciência, livro habilmente concebido, que teve certa voga, e no qual profetizava a desaparição, em breve termo, do mistério que, sob formas diversas, surge em desafio ao pensamento humano.

O mistério subsistiu... Multiplicou-se, mesmo, graças à recente descoberta da radioatividade dos corpos e do desenvolvimento dos fenômenos psíquicos.

Outros exemplos farão ver até que ponto a ciência oficial, proclamando vitórias sobre a matéria, mostrou-se impotente para resolver as grandes questões que têm tratado da alma humana e de suas faculdades.

Nos seus *Enigmas do universo*, escreveu Haeckel: "Enquanto o enigma da substância, que recapitula todos os outros enigmas, não for resolvido, nada se terá feito para a satisfação do espírito humano".

Um dos mestres da ciência moderna, Henri Poincaré, a quem a morte surpreendeu em meio de seus trabalhos, demonstrava, em uma de suas últimas obras, que a ciência é, ainda, uma hipótese, e confessava que as leis da Física estão para rever-se.

D'Arsonval teve quase a mesma linguagem em seu curso no Colégio de França.

Vejamos agora o que dizia sobre o mesmo assunto William James, reitor da Universidade de Harward, nas últimas páginas de seu belo livro: *A experiência religiosa*. Ele declara não poder, "sem ouvir uma demonstração interior, colocar-se na atitude do homem de ciência que não vê nada fora da sensação e das leis da matéria".

E algumas linhas mais adiante:

> Toda experiência humana, em sua viva realidade, impele-me irresistivelmente a sair dos estreitos limites em que a ciência pretende confinar-se. O mundo real é diferentemente constituído, muito mais rico e mais complexo que o da ciência.

É precisamente esse mundo real, o mundo psíquico, que a maior parte dos nossos sábios não quer conhecer; em vez de estudar, como deveriam, a vida, em suas altas manifestações, perdem-se na análise infinitesimal; não veem, por assim dizer, senão o pó das coisas e das ideias.

Faltaram sempre à ciência oficial a independência e a liberdade; apartou-se do caminho, submetendo-se servilmente à autoridade da Igreja; em seguida, enfeudou-se às doutrinas materialistas do século XVIII e, em seguida, ao panteísmo germânico. Enfim, depois de quase um século, tornou-se o satélite do Positivismo, essa doutrina incompleta que se desinteressa sistematicamente do maior problema que o espírito humano quer e deve resolver, o da sua origem e de seu destino. Ela se limita a arrastar pelo mundo fórmulas secas e banais, semelhantes à vitória-aptera, que, desprovida de asas, se achava condenada a rastejar, sem poder elevar-se do solo.

A ciência cética havia posto a lei do número na base de tudo. Desde então, a vida tornou-se uma espécie de álgebra, cujas equações nos levaram a uma ou a muitas incógnitas. Era andar em sentido contrário ao da natureza, porque o homem existe para criar e não para decompor, para agir, e não unicamente para analisar. Esse sistema negativo havia tornado estéreis os trabalhos dos sábios, e foi assim que vimos, desde muito, ir, pouco a pouco, apagando-se, sob nossos olhos, os caracteres e as consciências, a arte, o ideal e a beleza.

Com efeito, a ciência desconheceu a lei da estética, consagrando o naturalismo que disseca a vida em lugar de a desenvolver. Em moral, preconizou o determinismo, que erige em princípio a impotência do esforço e a renúncia à ação. Na ordem social, a pulverização, ao infinito, dos poderes e das responsabilidades, dando em resultado, por momentos, a um estado de coisas que confina com a desordem e a confusão.

A ciência, que tinha por missão construir uma sociedade sobre bases novas, destruiu, sem nada edificar. Perdendo de vista as grandes altitudes, os grandes focos do pensamento, a ciência cética resfriou o coração humano, destruiu o grau elevado que poetiza a vida, que a torna suportável. Eis por que as gerações que surgem se mostram desenganadas e reclamam outra coisa.

* * *

O problema político não oferece menor gravidade. Sob a pressão dos acontecimentos, a maior parte das instituições monárquicas desmoronou-se, e a democracia triunfante estendeu-se sobre suas ruínas; em seu seio, porém, surgiu uma crise intensa. Crescem e espalham-se os elementos de anarquia. Os destinos da ciência materialista e os do socialismo atual estão em correlação, inspiram-se pelos mesmos métodos e pelas mesmas fórmulas.

É preciso convir, a democracia socialista de nossos dias está em desacordo com o próprio princípio da Revolução. Esta era essencialmente individualista, queria dar a cada um a livre iniciativa de seus atos pessoais.

O regímen atual age diferentemente, tende a nivelar as individualidades fortes e a passar logicamente da igualdade de direito à igualdade de fato. Vai ao coletivismo, isto é, à negação da pessoa humana e à sua absorção no todo social.

O "estadismo" não nos desembaraçaria das mediocridades; bem ao contrário, seria por natureza o seu protetor. Não é também a regulamentação do trabalho, pela coletividade, que dará ao proletariado a felicidade que os utopistas do dia fazem luzir a seus olhos.

Os homens são iguais, dir-se-á. Em seu sentido histórico restrito, a fórmula pode parecer exata, mas não se poderia tratar aqui de igualdade real, absoluta. Se os homens são iguais em direito, serão sempre desiguais em inteligência, em faculdades, em moralidade. Afirmar o contrário seria negar a Lei da Evolução, que, naturalmente, não age com a mesma eficácia sobre todos os indivíduos.

O homem livre na Terra livre! Tal será o ideal social do futuro. Mas é preciso ter em conta a necessidade preliminar de outro fator — a fraternidade — que só pela harmonia pode estar em equilíbrio com a liberdade.

Têm fugido os séculos, desde a idade heroica dos primeiros cristãos, quando estes vendiam quanto possuíam para que os apóstolos distribuíssem, entre todos, o preço dessa venda segundo as necessidades de cada um.

Esse princípio de verdadeira fraternidade, lembrado por Mabli aos homens da Revolução, onde se encontrará? Não é decerto nos costumes atuais, que o egoísmo caracteriza; é nas aspirações da alma humana, nesse movimento que agita os povos de um extremo a outro da Terra; é no longínquo das idades futuras!...

* * *

Acabamos de passar em revista as ruínas a que o século XX já assistiu. Falemos agora das renovações que prepara e que executará.

É sempre na ordem intelectual que as grandes renovações começam. As ideias precedem e preparam os fatos. É a lógica da história e a lei do progresso humano.

O abuso dos métodos e dos processos de análise tem estado a ponto de nos perder. Consequentemente, é mister preparar as grandes sínteses, as concepções de conjunto. Eis que se estabelece um novo ponto de vista para todas as coisas. Para aplicar métodos novos, são precisos homens novos. Para a ciência livre de amanhã, são necessários espíritos livres.

Enquanto os homens dessas gerações, submetidos à disciplina da Igreja ou da universidade, não tiverem desaparecido, apenas se poderá esboçar a obra de redenção do espírito humano. A Igreja com suas confissões e a universidade com seus exames quebrantaram a elasticidade da alma e oprimiram os surtos do pensamento.

As vocações e as inteligências retraíram-se, ninguém teve o tempo e o espaço necessários para sentir e viver plenamente.

Prepara-se, entretanto, o trabalho de renovação. O século XIX e o começo do XX viram aparecer os precursores. Os gênios não tardarão a vir.

Em cada época da história, conta-se certo número de Espíritos que pertencem mais ao século seguinte do que àquele em que vivem.

Shakespeare escreveu: "Os grandes acontecimentos projetam diante de si sua sombra antes que sua presença abale o Universo".

Ora, os precursores viram essa sombra grandiosa desenhar-se-lhes no caminho, em formas móveis e poderosas; pressentiram os fatos e adivinharam as leis. Era o sinal de sua eleição intelectual e de sua vocação, mas havia ali também a razão do seu isolamento, de seu abandono, de seus sofrimentos em meio à multidão que os não podia compreender.

Acontecimentos surgiram com grandeza trágica. Durante mais de um quatriênio, os povos se chocaram com abalos formidáveis. A guerra prosseguiu em sua obra de ruína e de morte, ao mesmo tempo que varria muitos erros, ilusões e quimeras. Ao sopro da tempestade, rasgaram-se as nuvens e apareceu um canto de céu azul.

O décimo nono século foi o século da matéria, o vigésimo será o do Espírito.

O décimo nono, perscrutando a natureza, fez surgir desconhecidas energias, o vigésimo revelar-nos-á forças espirituais superiores a tudo quanto o homem sonhou, e o estudo dessas forças nos conduzirá à solução do problema da vida e da morte. Os precursores são grandes diante da história! São eles que esclarecem a marcha da humanidade na imensa estrada de seus destinos.

Assemelham-se aos concorrentes do *stadium* antigo, de que fala Lucrécio, e que passaram de mão em mão o facho da inspiração. Sem eles, as renovações intelectuais do mundo não encontrariam os caminhos abertos, nem os espíritos preparados. Dentre eles, podemos citar, de nossos dias: Allan Kardec, Jean Reynaud, Flammarion, Victor Hugo, Crookes, Myers, Lodge etc.

O livro de Myers, sobre a personalidade humana, termina com uma bela síntese experimentalista. O autor demonstra que é preciso, primeiramente, explicar o homem ao próprio homem.

O aprender a conhecer o homem leva ao conhecimento de Deus e do Universo. É o que havia recomendado o poeta inglês Pope, em seu *Ensaio sobre o homem.*

Mas as gerações passam, e é sempre esquecido esse estado essencial do homem interior. O século XIX consagrou incalculáveis recursos, imensos laboratórios ao estudo do Universo material, estendeu prodigiosamente o campo de suas observações e de suas experiências, mas o mundo ignorava ainda a constituição íntima do ser humano e as leis de seu destino.

Encontraram-se, pois, nossos legisladores na impossibilidade de governar. Como, com efeito, dirigir homens, administrar povos, quando se ignora ou se finge ignorar o grande princípio da vida? Daí surgiu o mal-estar de que sofre hoje nosso país.

O formidável problema do trabalho, com suas múltiplas dificuldades, tem por origem esse erro capital. Não quiseram ver na pessoa humana mais que um corpo a nutrir e explorar, e, partindo daí, só houve a preocupação das necessidades materiais. A luta pela vida tornou-se tão brutal quanto o era no tempo dos bárbaros.

O mal é grande, e não será sanado com sistemas empíricos. Nem no socialismo, sob a fórmula atual, nem no Catolicismo, serão encontrados os remédios.

Faz-se mister, em primeiro lugar, descobrir as causas para nos atermos a elas. Ora, estas são, por assim dizer, constitucionais ao homem. Seus erros, eis o que é preciso corrigir; suas paixões, eis o que é preciso combater, agindo menos sobre as massas do que sobre o indivíduo.

É ao todo, com efeito, que se deve esclarecer e corrigir; é preciso cultivar e desenvolver o homem interior em cada personalidade viva se quisermos passar do reino da natureza ao do Espírito.

Para a ciência nova, são necessários homens que conheçam a fundo as leis superiores do Universo, o princípio da vida imortal e a grande Lei da Evolução, que é uma lei de amor, e não uma lei de bronze, conforme o disse Haeckel.

Existe uma doutrina, ao mesmo tempo, velha quanto o mundo e jovem quanto o futuro, porque é eterna, sendo a verdade; uma doutrina que resume todas as noções fundamentais da vida e do destino; é o Espiritismo, e o livro de Myers, acima citado, é o seu comentário científico.

O Espiritismo faz erupção no mundo, espalha-se por toda parte.

Qual é a sociedade sábia, a revista hebdomadária, o jornal cotidiano, que não se ocupa de seus fenômenos, de suas manifestações, ainda que para os negar, criticar, mascarar ou combater?

O Espiritismo é a questão do momento presente, o problema universal. Não é mais possível quedar indiferente em face dele.

E é precisamente porque essa invasão espiritual enche os dois mundos e preocupa o pensamento humano que acreditamos dever insistir sobre os deveres que nos incumbem para com essa nova fé, essa ciência jovem e forte que oferece provas irrefutáveis da vida depois da morte e contém, em gérmen, todas as ressurreições do futuro!...

Relembramos, ao terminar, o caráter sensível do Espiritismo moderno. Não é um sistema novo que se vem juntar a outro, nem um conjunto de teorias vás. É um ato solene do drama da evolução que começa uma revelação que ilumina, ao mesmo tempo, as profundezas do passado e do futuro, que faz surgir do pó dos séculos as crenças adormecidas, as anima com uma nova chama e, completando-as, as faz reviver.

É um sopro poderoso que desce dos Espaços e corre sobre o mundo; sob sua ação, todas as grandes verdades se revelam. Majestosas, emergem do crepúsculo das idades para desempenhar o papel que o pensamento divino lhes assinala. As grandes coisas se fortificam no recolhimento e no silêncio. No olvido aparente dos séculos, colhem energias novas. Retraem-se e preparam-se para os empreendimentos futuros.

Acima das ruínas dos templos, das civilizações extintas e dos impérios desmoronados, acima do fluxo e do refluxo das marés humanas, uma voz poderosa se eleva, e esta voz clama: os tempos são vindos, os tempos são chegados!

Das profundezas estreladas descem à Terra os Espíritos em legião para o combate da luz contra as trevas.

Não são mais os homens, os sábios e os filósofos que trazem uma doutrina nova. São os gênios do Espaço que vêm e sopram em nossos pensamentos os ensinos chamados a regenerar o mundo.

São os Espíritos de Deus! Todos quantos possuem o dom da clarividência os percebem, pairando acima dos seres da Terra, tomando parte em nossos trabalhos, lutando ao nosso lado para o resgate e a ascensão da alma humana.

Grandes feitos se preparam. Que se ergam os trabalhadores do pensamento se querem participar da missão oferecida por Deus a todos os que amam a verdade e a ela servem.

Notas complementares

Nº 1 – Sobre a necessidade de um motor inicial para explicar os movimentos planetários

A este respeito, o professor Bulliot escreve na *Revue du Bien*:

> Forçosamente, dizia Aristóteles, todos os seres que compõem a natureza dividem-se *a priori* em três categorias: os que recebem e não dão o movimento; os que o recebem e transmitem a outros corpos, ficando simples agentes de transmissão; enfim, as fontes primeiras do movimento, que o dão da sua plenitude, nada recebendo do exterior. A necessidade de procurar fora dos corpos a fonte primeira dos princípios que os animam é evidente na hipótese estritamente mecânica de Descartes, segundo a qual os corpos privados de atividade própria conservam-se absolutamente passivos, entregues que são às impulsões do exterior. Mas, qualquer que seja a hipótese que se faça sobre a natureza íntima da matéria, basta, para justificar a necessidade de recorrer a um primeiro motor, encontrar nos corpos um movimento ou uma classe de movimentos que não se explique pelas forças ordinárias.

Ora, essa classe de movimentos acha-se realizada nas revoluções dos planetas que gravitam ao redor do Sol, centro do sistema. Esse movimento de translação, quase circular ou elítico, é devido ao concurso de duas forças: uma força de gravitação, que tende sem cessar a fazer cair os planetas sobre o Sol, segundo a vertical, e uma força centrífuga, que tende a lançá-los ao longe em linha reta, segundo a tangente, à órbita. De onde vem essa força centrífuga? Unicamente de um impulso primitivo, dado, uma vez por todas, ao planeta, na origem de suas revoluções, por uma causa estranha. Esse impulso é perfeitamente análogo ao que uma criança comunica a uma pedra, fazendo-a girar rapidamente por meio de uma funda. Nenhuma força natural poderia dar a explicação do fato. Por sua vez, Newton não hesita em pronunciar esta grande frase no fim de seus *Princípios matemáticos da filosofia natural*:

Em um transporte de entusiasmo, sua grande Alma se exalça àquele que, por si só, pôde, com sua poderosa mão, lançar os mundos sobre a tangente de sua órbita. Nunca a ciência humana e o gênio do homem se elevaram mais alto do que nessa página célebre, digno coroamento desse livro grandioso.

Com Kant e Laplace, a Astronomia deu novo passo à frente. Ela estabelece a hipótese de uma vasta nebulosa animada de poderoso movimento de rotação sobre si mesma. Em consequência desse movimento, os planetas se destacam, um a um, como que por si mesmos, da massa comum, cuja parte central dará, enfim, nascimento ao Sol. Desde então, parece que tudo está mudado e que a ideia de Deus se torna estranha à Astronomia. Laplace não pronuncia uma só vez esse nome. Mas, no estrito ponto de vista da explicação dos fatos, é fundado tal silêncio? De modo algum. A questão ficou para nós exatamente qual era para Newton. Depois, e assim antes da hipótese da nebulosa, o problema permanece o mesmo. Se nada faz equilíbrio à gravidade, sempre presente e sempre atuante, os planetas caem, precipitam-se em linha reta sobre o Sol, ou antes, nada os vem destacar da nebulosa comum. Somente o movimento giratório desta pode fornecer a força centrífuga indispensável. E então se estabelece de novo, e nos mesmos termos, o grande problema ineludível, que em vão se tentava deixar no olvido: donde vem o movimento giratório que equilibra o peso?

Somente Kant ousou responder: da gravidade e das forças repulsivas desenvolvidas pelos choques interatômicos. Kant não era matemático e mostra-o bem aqui: em virtude mesmo do princípio da igualdade da ação e da reação, as moléculas, depois do choque, desenvolvem a mesma força viva, tanto em uma direção quanto na direção contrária, da direita para a esquerda e da esquerda para a direita. Elas são incapazes, por conseguinte, de gerar na nebulosa a menor rotação de conjunto.

Se imóvel no princípio, a nebulosa ficará eternamente imóvel, e, por falta da força viva, os planetas não se formarão. Se eles se destacaram, com efeito, da massa central, é que esta girava sobre si mesma, e, se girava, é que o mesmo Criador (evocado ostensivamente por Newton) lhe havia, formando-a, impresso aquele movimento.

Astrônomos do Observatório de Paris, interrogados, os Srs. Wolf e Puiseux, não puseram dificuldade alguma em tal reconhecer: "A hipótese invocada por Kant, conclui o Sr. Puiseux, deve ser considerada inoperante".

"É necessário um primeiro motor", escreve o Sr. Wolf. (É também a opinião de Camille Flammarion, consignada em suas obras).

E no fundo, implicitamente, Laplace não diz talvez outra coisa — porque, se ele não nomeia Deus com todas as letras, fala de uma nebulosa em estado de rotação, repetidas vezes, e escreve que, em seu movimento de conjunto, a soma dos arcos descritos por suas moléculas ao redor do eixo é necessariamente nula. Logo, ele também, tal qual Newton, se reconhecia incapaz de explicar os movimentos do Sistema Solar pelas únicas leis da mecânica.

Nº 2 – Sobre as forças desconhecidas

A força, dissemo-lo em página anterior, em certo grau de evolução, torna-se inteligente. Piobb, inspirando-se nas obras de Flammarion, pôde escrever:

> Resulta das experiências feitas que a faísca globular possui estabilidade considerável. É possível tocá-la com uma lâmina metálica e mudá-la de lugar, sem a descarregar. Tem-se observado que o raio esférico não é atraído por um para-raios, e que este não protege, de forma alguma, as habitações.
> Além disso, ele parece conduzir-se algumas vezes nas condições de um ser inteligente. Opera mil fantasias, ora com violência, ora com calma, e mostra-se, de alguma sorte, refletido em seus atos. Dir-se-ia que é capaz de certos pensamentos. Na sua maneira de abrir uma porta ou janela, dando volta ao ferrolho, de folhear um livro, de deslocar os objetos, faz prova de uma lógica rudimentar que, até aqui, só se reconhecia aos seres vivos. (*Psyché*, novembro, 1914, p. 195).

Sobre o assunto das imensas fontes de energia, de que já falamos, escreve Gustave Le Bon:

> Remontando às causas de emissão de eflúvios, podendo derivar de todos os corpos em vertiginosa velocidade, determinaríamos a existência de uma energia introatômica, desconhecida até aqui, e que excede, entretanto, todas as forças conhecidas por sua colossal grandeza. Não podemos liberá-la ainda senão em quantidade muito fraca, mas do cálculo dessa quantidade, pode-se deduzir que, se fosse possível extrair inteiramente toda a energia contida em um grama de qualquer matéria, tal energia poderia produzir trabalho igual ao obtido pela combustão de muitos milhões de toneladas de carvão. A matéria aparece-nos na condição de um reservatório enorme de energia. A verificação da existência dessa força, ignorada durante tão longo tempo, apesar de sua formidável gran-

deza, nos revelará imediatamente a fonte, misteriosa ainda, da energia manifestada pelos corpos durante sua radioatividade. (*Revue Scientifique*, 17 de outubro de 1903).

Nº 3 – As maravilhas celestes; dimensões das estrelas

As dimensões de certas estrelas são formidáveis. Nosso Sol é, como se sabe, 1.300.000 vezes maior que a Terra, mas Sírius ultrapassa-o doze vezes em grandeza, e Prócion, seis vezes, Deneb, do Cisne, a segunda estrela da Grande Ursa; Vega, o belo sol azul da Lira; Pólux, dos Gêmeos, são também estrelas majestosas, faróis gigantescos disseminados na noite sideral, e perto dos quais nosso Sol faria o efeito de simples ponto luminoso. Eis, depois, Capela ou a Cabra, astro enorme, 5.800 vezes maior que nosso Sol; Arcturo, que, apesar de sua espantosa distância, fulge ainda com um brilho que eclipsa todos os astros do nosso céu boreal; e, enfim, Betelgeuse, da constelação de Órion.

Dessa vez, a mais fantástica imaginação não acha palavras para exprimir essa visão assombrosa. Uma ou outra dessas duas estrelas, Arcturo e Betelgeuse, vale muitos milhares de sóis iguais ao nosso. Entre elas e nosso astro do dia há quase a mesma proporção que entre o Sol e a Terra.

E, no entanto, a Astronomia ainda achou uma estrela que as eclipsa. Para percebê-la, é preciso ganhar as regiões astrais onde ela brilha na constelação do Navio. É Canopo, a mais poderosa estrela conhecida até hoje, pois equivale a 7.760 sóis reunidos. Entre todos os astros estudados ao telescópio e de que se tem ensaiado medir a distância, a luz, o calor e o movimento próprio, Canopo acaba de ser objeto de estudo especial da parte de um astrônomo inglês, Walkei, membro da Sociedade Real Astronômica de Londres. Esse estudo tenderia a mostrar que esse prodigioso sol poderia ser o centro de nosso Universo.

A distância de Canopo seria de 489 ciclos anuais de luz, isto é, o raio luminoso que nos chega hoje (em 1915) dessa estrela deve ter saído da estrela no ano de 1426.

Tal astro gigantesco não é, entretanto, o pivô em torno do qual evoluciona o nosso Sol; é em torno de Alcíone, estrela da constelação das plêiades, que nosso sistema solar preenche, em duzentos e vinte e cinco mil séculos, uma de suas grandes revoluções; um raio de luz de Alcíone deve viajar durante 715 vezes os 365 dias do ano antes de poder atingir a Terra. Há estrelas cuja luz só nos chega ao cabo de 55 séculos.

O grupo das plêiades compõe-se de um milhar de estrelas, das quais somente sete são visíveis a olho nu.

Alcíone é de terceira grandeza; mas, fato notável, essas estrelas principais são animadas de movimento uniforme e paralelo, o que explicaria ser a sua atração mais poderosa ainda do que a da gigantesca Canopo.

Índice geral[34]

A

Acaso
  lei universal e – VI, 49

Alcíone, estrela
  revolução do Sol e – n. c., 161

Além-Túmulo *ver* Mundo Espiritual

Alma(s)
  amor desenfreado pelos gozos,
    cupidez, e – VI, 52
  ascensão da * e perfeição
    absoluta – VIII, 68-69
  atividade das * durante o sono – III, 31
  atrações da vida inferior e *
    humana – III, 30
  avanço lento da * no desfiladeiro
    da morte – XV, 140
  chamados do Alto e – III, 30
  chegada da * à perfeição absoluta – VIII, 67
  comunhão da * com o Espírito
    Divino – III, 33
  despertamento da * no Mundo
    Espiritual – VI, 52
  destino da – XV, 142
  Deus, Sol das – IX, 77
  distância entre as * que se amam – III, 32
  encarnação perispiritual e * da
    criança – XV, 128
  enfraquecimento da ideia de
    Deus e – VII, 62
  espírito céltico e esclarecimento
    da * humana – XI, 92
  estado crepuscular da – XV, 139
  expansão livre da – XIII, 105
  faculdades da * no intervalo da concepção
    ao nascimento – XV, 127
  fases da evolução da – XI, 89
  fonte da – III, 28; VI, 53
  gérmen das faculdades da *
    humana – XI, 88
  harmonias da natureza e – XI, 85
  história da lenta formação dos
    mundos e – XI, 85
  iluminação da – I, 20
  incubação das * sob a Luz Divina – I, 19
  irradiação da * divina – VI, 54
  latência das aquisições do
    passado e – XV, 127
  linguagem harmoniosa e * pura – III, 31
  modificações incessantes da
    matéria corporal e – I, 17
  natureza, irmã da – XIV, 118
  papel da – VIII, 67
  percepção de um Mundo Superior
    e Divino e – XIV, 119
  prece, comunhão das – III, 32

---

[34] O número romano remete ao capítulo. O número arábico remete à página. Foi utilizada a abreviatura n.c. para indicar a expressão Notas Complementares.

prece, grito de apelo à * indecisa
 e flutuante – XV, 141
primeiros eflúvios do amor
 de Deus e – X, 82
princípio da educação das – XIV, 117
progresso e – III, 31
resgate e elevação da – IX, 74
sentimento de solidariedade e
 * evolvidas – III, 31
sentimento, privilégio da – VI, 53
sistema da * comparada a uma
 tábua rasa – XV, 128
sofrimento, poderoso meio de
 educação para as – IX, 74, nota
troca de eflúvios entre * em afinidade de
 pensamento e sentimento – II, 23
união da * com o corpo – XV, 127
unidade consciente e – I, 17
verdade e vida imperecível da – IV, 42
voz profunda dos céus eternos e – IV, 40

Altruísmo
 amor à humanidade e – VII, 63

Amargura
 causa da – VI, 52

Amor
 conceito de – VIII, 66
 força das forças e – VIII, 66
 transformação da alma humana e – VIII, 66

Ancião
 alma do – XV, 137
 faculdade preciosa e – XV, 138

Antiguidade
 ressuscitamento da * sagrada – XV, 132

Arcturo, estrela
 dimensão e – n. c., 161

Arenque
 considerações sobre – XII, 96, nota

Astronomia
 hipótese da nebulosa e – n. c., 156
 Kant e – n. c., 156
 Laplace e – n. c., 156

Ateísmo
 Voltaire, * e fanatismo – VII, 63

Ateu
 argumentos do * para negação da
  existência de Deus – IX, 73

Átomo
 desmoronamento da teoria do *
  indivisível – II, 22, nota
 dogma científico da unidade
  irredutível do – II, 23

Azbel
 Harmonia dos mundos, livro,
  e – IV, 35, nota;
  IV, 38, nota; 40, nota
 inversão harmônica do som e – IV, 38, nota
 Música do espaço, A, livro, e – IV, 40, nota
 relações harmônicas dos planetas
  e – IV, 40, nota

B

Bach
 percepção das harmonias
  superiores e – IV, 36

Becquerel, Sr.
 emissão de irradiações obscuras
  dos metais e – II, 22

Beethoven
 música celeste e – IV, 36
 percepção das harmonias
  superiores e – IV, 36

Beleza
 condição para a existência da – VI, 53

Bem
 homem e gérmen do – III, 27
 mal na aparência e – XIV, 117, nota
 mal, ausência de – VI, 54
 princípio do belo e do – VI, 55

Berthelot
 ideia de Deus e – IX, 75
 Synthese chimique, La, livro,
  e – II, 22, nota

Betelgeuse, estrela
 dimensão e – n. c., 161

Bode, Johann Elert, astrônomo alemão

ordem de sucessão dos planetas no
espaço e lei de – IV, 35, nota

Bon, Gustave Le
conceito de inércia e – I, 15, nota
dissociação da matéria e – II, 24
energia introatômica e – n. c., 159
irradiações e – II, 22, nota
Revue Scientifique e – II, 22,
  nota; II, 25, nota

Bondade
condição para a existência da – VI, 53

Bulliot, professor
Revue du bien e – n. c., 155

Burnouf
confirmação da unidade da
  substância e – VI, 50

C

Canopo, estrela
centro de nosso Universo e – n. c., 161
considerações sobre – n. c., 161
dimensão e – n. c., 161

Capela, estrela
dimensão e – n. c., 161

Caráter
significado da palavra – XV, 127

Catolicismo
resgate do pecado e – XV, 138

Católico
milagre, mistério e – XV, 126

Cérebro
irradiação do pensamento elevado
  no * humano – III, 30
desenvolvimento do * e triunfo
  do pensamento – XI, 91

Ceticismo
ameaça para os homens e – XV, 133

Cético
benefícios do conhecimento
  da Lei e – XIV, 118
necessidade de choque da
adversidade e – XIV, 118
papel da dor e – XIV, 118
sentimento da utilidade do
  sofrimento e – XIV, 118

Chizat, Emílio
Azbel e – IV, 40, nota

Cícero
tratado sobre a velhice e – XV, 136

Ciência
contribuição da * oficial para o pensamento
  moderno – XV, 126
desabamento da * materialista – XVI, 146
destinos da * materialista e os do
  socialismo – XVI, 148
enfeudação às doutrinas materialistas
  do século XVIII e – XVI, 147
espiritualização da matéria e – XI, 91
esterilidade do Materialismo e
  do Positivismo e – I, 17
esterilidade dos trabalhos dos
  sábios e * cética – XVI, 147
esvaecimento da * materialista – XV, 132
impotência da * para tornar feliz
  a humanidade – VII, 58
impotência da * para resolução
  das questões da
  alma – XVI, 146
Léon Denis e admiração pelas
  conquistas da – VII, 58
missão da – XVI, 147
modificação da orientação da * atual – I, 17
panteísmo germânico e – XVI, 147
reação da mocidade de amanhã
  contra a * e a
  democracia – XV, 133
satélite do Positivismo e – XVI, 147
síntese unitária e – II, 24
submissão servil à autoridade
  da Igreja e – XVI, 147
unidade da substância e – VI, 50

Cipião, sonho de
Cícero e – IV, 36

Civilização
práticas bárbaras destruidoras
  da – Ao leitor, 9

Colombo, Cristóvão
  visões do Novo Mundo e – XV, 134

Compaixão
  Espíritos radiosos e – III, 31

Compreensão
  desenvolvimento da capacidade de – V, 47

Comte, Auguste
  contradições e – VI, 50
  matéria, princípio universal e – VI, 50

Concepção
  faculdades da alma no intervalo da * ao nascimento – XV, 127
  união da alma com o corpo e – XV, 127

Congresso de Química (Berlim, 1903)
  discurso de William Crookes e – II, 22, nota

Conhecimento
  aspectos transitórios do – I, 14

Consciência
  ascensão paralela da – X, 91
  balanço instantâneo da – XV, 130
  Deus e – I, 17; I, 20
  nascimento e perda da * do passado – XV, 127
  retomada do movimento vibratório e retorno da – XV, 127

Contemplação
  despertamento das faculdades psíquicas e – XIV, 116

Corpo físico
  união da alma e – XV, 127

Criação
  projeção constante do Pensamento Divino no Universo e – I, 17

Criança
  encarnação perispiritual e alma da – XV, 128

Cristianismo
  divinização da morte e – XV, 138
  facilitadores da expansão do – XI, 90
  falseamento da noção da vida e da educação e * monacal – XV, 132
  fealdade física, desprezo do corpo e – XV, 132

Cristianismo e espiritismo, livro
  Léon Denis e – Ao leitor, 8, nota; XII, 57, nota; XIV, 119, nota

Crookes, William
  conceito de matéria e – II, 21, nota
  discurso de * no Congresso de Química (Berlim, 1903) – II, 22, nota
  dissociação de um grama de rádium e – II, 22, nota
  matéria radiante e – II, 21
  materialização dos Espíritos e – II, 21

Cultura
  explicação para o fenômeno de – XV, 128

Curie, Sr.
  descoberta do rádium e – II, 22

D

Democracia
  gérmens da decadência e – XV, 133
  reação da mocidade de amanhã contra a ciência e – XV, 133

Democracia socialista
  desacordo da * com o próprio princípio da Revolução – XVI, 148

Denis, Léon
  admiração pelas conquistas da ciência e – VII, 58
  atenuação do julgamento supremo e – XIII, 112
  brilho da centelha do gênio e – XIV, 116
  conhecimento das existências passadas e – XIII, 112
  Cristianismo e espiritismo, livro, e – Ao leitor, 8, nota; vii, 57, nota; XIV, 119, nota
  Depois da morte, livro, e – IX, 74, nota; XIV, 117, nota
  Grande enigma, O, livro, e – Ao leitor, 7
  instrumentos de educação e de

elevação e – XIV, 121
Invisível, No, livro, e – Ao leitor,
   8, nota; VII, 57, nota; VII,
   60, nota; XIV, 119, nota
Médiuns e espíritos, livro, e – VII, 57, nota
misticismo e – XIV, 118
Montanha, A, impressões de
   viagem, e – XIII, 99
Problema do ser, do destino
   e da dor, O, livro,
   e – VI, 51, nota; IX, 74, nota;
   XIV, 119, nota

Depois da morte, livro
   Léon Denis e – IX, 74, nota;
   XIV, 117, nota

Destino
   condição para a entrada no
      templo do – XV, 130
   formação do – VI, 51, nota
   reencarnação e lei circulatória da vida e do
      – XV, 127
   Universo e desenvolvimento do – IV, 42

Deus
   abuso da ideia de * através dos
      séculos – VII, 62
   ação de * no mundo e na história – VIII, 67
   Alma do Universo e – II, 21; IX, 77
   argumentos do ateu para negação
      da existência de – IX, 73
   atributos de – I, 14; I, 18; IX, 75
   Berthelot e ideia de – IX, 75
   ciência contemporânea e
      revelação de – I, 15
   comprometimento da ideia de – IX, 73
   condição para amar – IX, 75
   conhecimento da verdade sobre – V, 45
   consciência e – I, 17
   consequências do enfraquecimento
      da ideia de – VII, 62
   demonstração da intervenção de – VIII, 69
   enfraquecimento da ideia de
      * na alma – VII, 62
   Espírito de Sabedoria, de Amor
      e de Vida e – III, 27
   Espírito Divino e – I, 16
   Espírito universal e – III, 27
   espiritualismo e – I, 16
   estudo do Universo e expansão
      da ideia de – IV, 42
   experimentação psíquica e
      ideia de – VII, 57
   extinção da ideia de * e morte
      moral – IX, 77
   faculdades do Espírito e ideia de – VI, 53
   fonte de eterna justiça e – VI, 53
   formas variadas da ideia de – IX, 73
   fraternidade humana e
      paternidade de – III, 28
   impotência da linguagem humana para
      exprimir a ideia de – I, 16
   incognoscibilidade e – IX, 75
   invisibilidade e – I, 20
   mensagem de – I, 20
   necessidade da ideia de – V, 45
   objeções à ideia de – IX, 74
   observação do fato espírita e
      ideia de – VII, 57
   padres do Egito e – I, 16
   panteísmo oriental e – I, 17
   pensamento e – I, 16
   prece e – III, 34
   pressentimento de – II, 25
   reconhecimento e descoberta de – VIII, 70
   refúgio contra as tristezas e as decepções da
      Terra e – VIII, 71
   religiões do Ocidente e *
      antropomorfo – I, 17
   Renan e ideia de – VIII, 70
   revelação da presença de * ao
      pensamento e ao
      coração – I, 18
   revelação do brilho e da
      sublimidade de – V, 46
   Ser consciente por excelência e – III, 28
   ser humano, sociedade e ideia de – VI, 55
   sociedade moderna e ideia de – VI, 53
   Sol das almas e – IX, 77
   templo eterno da natureza e – I, 18
   templo vivo da consciência e – I, 20
   trilogia da substância, da vida, do
      pensamento e – VI, 50
   Universo, inteligência e – III, 32
   Vacherot e ideia de – VIII, 70
   vibrações do pensamento e da
      vontade e – II, 21
   vozes do Infinito e – VI, 54; VIII, 71

Discernimento
  desenvolvimento da capacidade de – V, 47
Dor
  causa da – III, 29
  formação da experiência e – XIV, 117
  papel da – XIV,118
  prêmio da – XIV,117
Doutrina das vidas sucessivas
  ver Reencarnação
Druísmo
  ideia fundamental do – XI, 90
Dupla vista
  raios X e – II, 24
Duplo fluídico *ver* Perispírito

E

Educação
  Cristianismo monacal e
    falseamento da noção
    da vida e da – XV, 132
  Léon Denis e instrumentos de *
    e de elevação – XIV, 121
  princípio da * das almas – XIV, 117
  refazimento da * da mocidade – XV, 132
  resultados de uma falsa *
    nacional – Ao leitor, 9
  sofrimento, poderoso meio de *
    para as almas – IX, 74
Eflúvio humano
  ação da vontade e – II, 23
  magnetizadores, espíritas e – II, 23
Egoísmo
  grande inimigo da idade
    madura e – XV, 134
Encarnação
  alma da criança e * perispiritual – XV, 128
  Platão e * perispiritual – XV, 128
  união do perispírito à matéria
    do gérmen e – XV, 127
Energia
  inteligência e manifestações
    elevadas de – II, 25

substância única, universal e – II, 25
Enigmas do universo, livro
  Haeckel e – XVI, 146
Ensaio sobre o homem, livro
  Pope, poeta inglês, e – XVI, 150
Erro
  causa do – III, 29
Escola
  necessidade de conhecimento
    do povo e – Ao leitor, 9
  origem da * filosófica – V, 48
  origem da * religiosa – V, 48
Espaço
  harmonia e – IV, 35
  ordem de sucessão dos planetas
    no – IV, 35, nota
  percepção das ondas sonoras
    do – IV, 40, nota
  relações harmônicas dos planetas
    no – IV, 40, nota
Espiritismo
  caráter do – III, 30
  causa inteligente no Universo e – V, 46
  ciência, filosofia, religião e – IX, 73
  decadência para a humanidade e
    críticos do – VII, 60, nota
  desenvolvimento do senso moral e – VII, 61
  desprezo à ideia de Deus e – VII, 61
  desprezo ao aspecto filosófico do – VII, 57
  dificuldades da organização do – VII, 62
  força moral do * exclusivamente
    experimental – VII, 62
  fortalecimento e – II, 24
  grandeza do – VII, 58
  ideia de Deus, princípio
    fundamental do – V, 46
  importância do ensino filosófico
    e moral e – VII, 58
  missão do – III, 30; VII, 58; VII, 61; IX, 78
  prece e – III, 32
  princípio do – V, 46
  resumo das noções fundamentais
    da vida e do
    destino e – XVI, 151

Espírito céltico
　esclarecimento da alma humana e – XI, 92
　ideia de ascetismo e renúncia e – XI, 90
　liberdade e – XI, 90
　oposição à Igreja Romana e – XI, 90

Espírito elevado
　preocupação constante e – III, 31

Espírito esclarecido
　condições para relacionamento e – VII, 61

Espírito inferior
　afastamento e – VII, 60

Espírito malfazejo
　arma dispersante e – VII, 60

Espírito(s)
　compaixão e * radiosos – III, 31
　compreensão das grandes leis e – XIV, 118
　comunhão da alma com o * divino – III, 33
　conceito de – XV, 140
　Deus, * universal – III, 27
　estabelecimento da existência dos fluidos e – II, 23
　evolução, caminho para os puros gozos do – IV, 37
　faculdades do * e ideia de Deus – VI, 53
　grandeza do * humano – XIV, 117
　grau de evolução e – V, 46
　meio poderoso para afastamento dos * do abismo – VII, 60
　negação do argumento da impossibilidade da existência dos – II, 23

Espiritualismo
　Deus e – I, 16
　médico dos nossos dias e – XV, 126

Espiritualismo moderno *ver* Espiritismo

Estrela
　morada de nosso Pai e – X, 82

Éter
　conceito de – I, 14
　condensação do * e matéria primitiva – II, 25, nota
　emanação do pensamento criador e – VI, 50
　formas graduadas da matéria e da vida e – VI, 50
　reabsorção da força no * universal – I, 14

Evolução
　caminho para os puros gozos do Espírito e – IV, 37

Experimentação psíquica
　ideia de Deus e – VII, 57

Experiência religiosa, A, livro
　William James e – XVI, 146

F

Falência social
　ameaça de – Ao leitor, 9

Fanatismo
　Voltaire, ateísmo e – VII, 63

Fato espírita
　observação do * e ideia de Deus – VII, 57

Fé
　alma céltica e – XI, 90

Felicidade
　estado de ignorância e – III, 29
　perfeição moral e verdadeira – III, 29
　segredo da – IV, 42

Fenômeno espírita
　compreensão e – II, 24
　explicação para o – II, 24

Fenômeno psíquico
　produção de – Ao leitor, 8

Filosofia
　explicação para a morte e – XV, 138

Floresta
　adorno da Terra e – XI, 89
　alma céltica e * primitiva – XI, 90
　destilação do ar, purificação da atmosfera e – XI, 89, nota
　ensinamentos e – XI, 88
　fonte de inspiração e – XI, 90
　magnetismo e – XI, 85
　Maurice de Guérin, poeta, mocidade e – XV, 131
　modelo às manifestações da

ideia religiosa e – XI, 90
papel da * sob o ponto de vista
  psíquico – XI, 89
verdadeira conservadora do globo e –XI, 89

Fluidos
  Espíritos e estabelecimento da
    existência dos – II, 23

Força
  continuidade absoluta entre os estados da
    matéria e os estados da – II, 25, nota
  geratriz do movimento e – I, 15
  inteligência e – Ao leitor, 159
  matéria e – II, 22, nota
  origem da * vital – XV, 127; XV, 128
  projeção do pensamento e – I, 17

Força centrífuga
  origem da – Ao leitor, 155

Fotografia espírita
  raios X e – II, 24

França
  Joana d'Arc, fé e – VIII, 69-70
  missão e irradiação da * na obra
    da civilização – XI, 91
  oportunidade de uma nova
    orientação moral e –
  Ao leitor, 9
  pessimismo, desencorajamento,
    discórdia e – VIII, 70

Fraternidade
  motivo da * dos seres – VI, 53
  origem da * humana – III, 28
  princípio de verdadeira – XVI, 148
  raça humana, solidariedade e – III, 28

Futuro
  confiança absoluta no – VIII, 71
  construção do – VI, 52

G

Gaya
  considerações sobre – XIII, 104, nota

Gênio
  hereditariedade e embaraçamento da
    manifestação do – XV, 129

explicação para a fisiologia do – XV, 128

Grande enigma, O, livro
  Eco das vozes do Alto e – Ao leitor, 7
  Léon Denis e – Ao leitor, 7;
    Ao leitor, 8, nota
  objetivo e – Ao leitor, 7

Guérin, Maurice de, poeta
  mocidade, floresta e – XV, 131

H

Haeckel
  Enigmas do universo, livro, e – XVI, 146

Harmonia dos mundos, livro
  Azbel e – IV, 35, nota

Harmonia musical
  lei da harmonia dos mundos e – IV, 40

Hereditariedade
  embaraçamento da manifestação
    do gênio e – XV, 129

Hipnotismo
  perispírito e – XV, 127; XV, 129

Homem
  causa da fraqueza e dos males do – III, 27
  causas da entrega do * ao mal – III, 29
  compreensão da Lei do Progresso e – I, 17
  compreensão das manifestações
    do pensamento
    superior e – VIII, 68
  condição para execução dos
    prodígios e – III, 28
  conhecimento de sua verdadeira
    natureza e – III, 28
  cultivo e desenvolvimento do
    * interior – XVI, 151
  desconhecimento de Deus e – VIII, 66
  eflúvios da alma universal e – III, 34
  fonte, causa, lei da vida e – V, 47
  gérmen do bem e – III, 27
  hora do despertamento e – XIV, 119
  leis universais e enfermidade
    intelectual do – II, 25
  motivo das fraquezas e desfalecimentos
    do – XIV, 119

papel do * na obra do progresso
  eterno – IX, 77
prece e * de bem – III, 33
princípio espiritual e – III, 27
resumo da tarefa do – III, 28
sacrifício de si mesmo e – III, 34
verdadeiro papel do – III, 30

Homem de ciência
  atração do *, dos positivistas, livres-
    pensadores e – VII, 57

Humanidade
  altruísmo e amor à – VII, 63
  condição para penetração da
    verdade e – III, 30
  decadência para a * e críticos do
    Espiritismo – VII, 60, nota
  impotência da ciência para
    tornar feliz a – VII, 58
  inconsciência, culpa e
    educadores da – IV, 42

I

Idade madura
  considerações sobre – XV, 135

Ignorância
  causa da * do homem – III, 27
  Lei de Evolução e estado de – III, 29
  ventura, felicidade e estado de – III, 29

Igreja
  espírito céltico e * Romana – VI, 90
  necessidade de conhecimento
    do povo e – Ao leitor, 9
  submissão servil da ciência à
    autoridade da – XVI, 147

Inconsciente
  raiz das faculdades e – XV, 127

Inércia
  Gustave Le Bon e conceito de – I, 15, nota

Instinto
  evolução do – VI, 51

Inteligência
  causa da * humana – I, 14
  Deus, Universo e – III, 32

força e – n. c., 159
governo dos mundos e – I, 14
ideia da lei e ideia da – VI, 49
manifestações elevadas de energia e – II, 25
Universo e – I, 14

Invisível, No, livro
  Léon Denis e – Ao leitor, 8, nota; VII, 57,
    nota; VII, 60, nota; XIV, 119, nota

Irradiação(ões)
  ação da vontade sobre os eflúvios
    e as – II, 25, nota
  seres vivos e – II, 23

J

Jacó, patriarca
  desmaterialização e morte de – XV, 139

James, William
  Experiência religiosa, A, livro, e – XVI, 146
  reitor da Universidade de
    Harvard e – XVI, 146

Joana d'Arc
  França, fé e – VIII, 69-70
  socorro que * trazia à França – VIII, 70

João, apóstolo
  1:9 e – VI, 54
  10:34 e – III, 28, nota

Julgamento
  desenvolvimento da capacidade de – V, 47
  início do * espiritual – XV, 130

Júpiter, planeta
  Ganimedes, satélite, e – IV, 38

Justiça
  instituições humanas e – Ao leitor, 8
  tribunal da * absoluta – Ao leitor, 8

K

Kant
  Astronomia e – n. c., 156

Kardec, Allan
  afirmação da existência de uma causa
    eterna no Universo e – V, 46

Livro dos espíritos, O, e – VI, 46, nota

L

Laplace
Astronomia e – n. c., 156

Lei
cético e benefícios do conhecimento da – XIV, 118
Espírito e compreensão da – XIV, 118
ideia da inteligência e ideia da – VI, 49
salvação das raças humanas e – XIV, 118

Lei da Harmonia
pensamento e – IV, 36

Lei de Bode
ordem de sucessão dos planetas no espaço e – IV, 35, nota

Lei de Evolução
condição necessária à – III, 29
estado de ignorância e – III, 29

Lei de Justiça
Espiritismo e caráter imponente da – VI, 51

Lei do Progresso
homem e compreensão da – I, 17
observação da – VI, 51

Lei natural
demonstração da ação da – I, 14

Lei universal
acaso e – V, 49
demonstração da – VI, 50

Leibniz
esperança da seara está na semente, A, e – XV, 132

Liberdade
considerações sobre – IX, 74
Druísmo e desenvolvimento da – XI, 90
espírito céltico e – XI, 90
impraticabilidade da * sem sabedoria e sem razão – VII, 63
virtude e – VII, 63

Littré
contradições e – VI, 50

matéria, princípio universal e – VI, 50

Livro do infinito
verdade e – IV, 42

Livro dos espíritos, O
Allan Kardec e – V, 46, nota

Longevidade
determinação da * do ser – XV, 128

Luz
velocidade da – XIV, 114, nota; XIV, 115
Via Láctea e – XIV, 114, nota; 115

M

Magnetismo
alma, floresta e – X, 85

Mal
arma segura contra o – VII, 60
bem e * na aparência – 117, nota
causas da entrega do homem ao – III, 29
conceito de – VI, 54; IX, 74
fase transitória de nossas ascensões e – IX, 74
luta contra o – IX, 74
motivo do predomínio aparente e – VI, 54
reinado do – IX, 74

Mar
ação do * na vida psíquica – XII, 95
imagem do poder e – XII, 95
poder regenerativo do – XII, 95
primeiras manifestações da vida e – XII, 96
produção da vida pela morte e – XII, 97

Mártir
segredo do – VIII, 72

Matéria
ciência e espiritualização da – XI, 91
conceito de – I, 15; II, 21
condensação do éter e * primitiva – II, 25, nota
continuidade absoluta entre os estados da * e os estados da força – II, 25, nota
desconhecimento da – I, 19, nota
encarnação, união do perispírito à * do gérmen – XV, 128
espontaneidade e – I, 15

formas graduadas da * e da
   vida e éter – VI, 50
Física atual e – I, 14
força e – II, 22, nota
Gustave Le Bon e dissociação da – II, 24
laços estreitos entre *, pensamento
   e vida – I, 14
transmudação e – II, 21, nota
William Crookes e * radiante – II, 21
William Crookes e conceito
   de – II, 21, nota

Materialismo
   ciência e esterilidade do * e do
      Positivismo – I, 17
   entristecimento do pensamento
      e * alemão – VI, 91
   frutos envenenados do – Ao leitor, 9
   visão do Universo e – I, 16

Materialização
   William Crookes e * dos Espíritos – II, 21

Maxwell, J.
   Fenômenos psíquicos, livro,
      e – VII, 60, nota

Mediador plástico *ver também* Perispírito
   Wordsworth e – XV, 128

Médico
   espiritualismo e * dos nossos dias – XV, 126

Meditação
   despertamento das faculdades
      psíquicas e – XIV, 116
   mistério da vida humana e – XV, 131

Médium
   percepção de suaves melodias e – IV, 37
   processos de condução do * à
      obsessão – VII, 59

Mediunidade
   agonizantes e fenômenos
      curiosos de – XV, 139
   dons intuitivos e – XV, 131
   misterioso idioma e – XV, 131

Médiuns e espíritos, livro
   Léon Denis e – VII, 57, nota

Memória
   irradiação reflexa do perispírito e – XV, 128
   nascimento e perda da * do
      passado – XV, 129
   perispírito e despertamento da * à hora da
      morte – XV, 129

Milton
   primeira ideia do paraíso
      perdido e – XV, 134

Mirandola, Pico della
   explicação para a ciência
      dominante de – XV, 128

Missionário
   demonstração da intervenção
      de Deus e – VIII, 69
   segredo da força do – VIII, 69

Misticismo
   Léon Denis e – XIV, 118

Mistificação
   origem da – VII, 59

Mitologia pagã
   mitos poéticos e – XV, 130

Mocidade
   característica da – I, 13
   espiritualistas de bom quilate e
      * de amanhã – XV, 133
   esquecimento do passado e – XV, 131
   Maurice de Guérin, poeta, e – XV, 131
   Olimpíada e * antiga – XV, 132
   reação da * de amanhã contra a ciência
      e a democracia – XV, 133
   refazimento da educação da – XV, 132
   Reino do Espírito e * de amanhã – XV, 133

Montanha
   altares soberbos, prece dos
      iniciadores e – XIII, 104
   princípio regenerador e – XIII, 103
   sinfonia universal e misteriosa
      dos ruídos e – XIII, 104

Moral
   espécie humana e decadência – III, 33
   Espiritismo e desenvolvimento
      do senso – VII, 61

extinção da ideia de Deus e morte – IX, 77
impotência do homem diante do
  sofrimento – Ao leitor, 8

Moribundo
  comportamento diante do – XV, 140

Morte
  ação a distância do perispírito antes
    e depois da – XIV, 119, nota
  analogias entre vida e – XV, 140
  ato da – XV, 139
  avanço lento da alma no
    desfiladeiro da – XV, 140
  Catolicismo, resgate do pecado e – XV, 138
  conceito de – XV, 140
  Cristianismo e divinização da – XV, 138
  desmaterialização, moléstia,
    dissolução e – XV, 138
  natureza e * aparente – XI, 89
  perispírito e despertamento da
    memória à hora da – XV, 129
  privilégio de Espíritos evoluídos
    e – XV, 140
  processo inverso ao do
    nascimento e – XV, 139
  religiões, filosofias e explicação
    para a – XV, 138
  segundo nascimento e – XV, 138
  solução do problema da vida
    e da – XVI, 150
  velhice, prefácio da – XV, 138

Movimento planetário
  necessidade de um motor inicial para
    explicação do – n. c., 155

Mozart
  explicação para as obras de – XV, 129
  percepção das harmonias
    superiores e – IV, 36

Mundo dos Espíritos *ver* Mundo Espiritual

Mundo Espiritual
  composição do – VII, 59
  despertamento da alma no – VI, 52
  ensinamentos do – VI, 52
  prova da existência do – Ao leitor, 8, nota

Mundo inferior

  fecundação do * pelo mundo
    superior – III, 30

Mundo Invisível *ver* Mundo Espiritual

Mundo moral
  inteligência diretora do – VI, 52

Mundo psíquico
  sábios e conhecimento do – XVI, 147

Mundo(s)
  ação de Deus no * e na história – VIII, 67
  concepções do gênero humano
    e sinfonia dos – IV, 37
  explicação para os sistemas do – I, 15
  harmonia musical e Lei da
    Harmonia dos – IV, 40
  história da lenta formação dos – XI, 85

Música
  idioma divino e – IV, 36
  Verbo por excelência e * celeste – IV, 41

Música do espaço, A, livro
  Azbel e – IV, 40, nota

N

Nascimento
  esquecimento do passado e – XV, 127
  faculdades da alma no intervalo da
    concepção ao – XV, 127
  perda da memória do passado e – XV, 129
  processo inverso ao da morte e – XV, 139

Natureza
  alma e harmonias da – XI, 85
  alma, irmã da – XIV, 118
  morte aparente e – XI, 89
  retrato do prêmio do esforço
    paciente e corajoso e – XI, 89
  socorro moral e – XIII, 103

Nebulosa
  movimento giratório e – I, 15

Newton
  Princípios matemáticos da filosofia
    natural, livro, e – n. c., 155

Novo Espiritualismo *ver* Espiritismo

O

Obsessão
processos de condução dos médiuns à – VII, 59

Oração *ver* Prece

P

Palavra humana
fraqueza, aridez e frieza da – IX, 78
pobreza da – IV, 36

Panteísmo
Deus e * oriental – I, 17

Pascal
explicação para a intuição de – XV, 129

Passado
mocidade e esquecimento do – XV, 131
nascimento e perda da memória do – XV, 129

Pensamento
desenvolvimento do cérebro e triunfo do – XI, 91
destaque de nosso * das banalidades cotidianas – IV, 41
Deus e – I, 16
éter, emanação do * criador – VI, 50
força, projeção do – I, 17
irradiação do * elevado no cérebro humano – III, 30
irradiações do * e Universo – III, 32
laços estreitos entre matéria, * e vida – I, 14
Lei da Harmonia e – IV, 36
Materialismo alemão e entristecimento do – XI, 91
prece e vibrações do – III, 32
projeção constante do * divino no Universo – I, 17
transmissão das volições do – II, 23
troca de efluvios entre almas em afinidade de – II, 23
Universo e – Ao leitor, 7
vida do Espaço e – IX, 76

Perfeição absoluta
ascensão da alma e – VIII, 68-69

Perispírito *ver também* Mediador plástico
ação a distância antes e depois da morte e – XIV, 119, nota
desenvolvimento das propriedades funcionais e – XV, 128
despertamento da memória à hora da morte e – XV, 129
diminuição do movimento vibratório e – XV, 127
encarnação, união do * à matéria do gérmen – XV, 127
função do – XV, 128; XV, 129
gérmen material e – XV, 128
hipnotismo e – XV, 127; XV, 129
ligação do Espírito ao gérmen e – XV, 127
memória, irradiação reflexa do – XV, 128
princípio de identidade física e moral e – XV, 128

Personalismo
enfraquecimento da ideia de Deus e – VII, 62

Pesquisa psíquica
objeto capital da – VI, 51

Pitágoras
música das esferas e – IV, 36

Platão
encarnação perispiritual e – SV, 128
música das esferas e – IV, 36

Poincaré, Henri
revisão das leis da Física e – XVI, 146

Pólux, estrela
dimensão e – n. c., 161

Pope, poeta inglês
Ensaio sobre o homem, livro, e – XVI, 150

Positivismo
ciência e esterilidade do Materialismo e do – I, 17
ciência, satélite do – XVI, 147
origem e destino do espírito humano e – XVI, 147

Positivista
Deus e argumento do – IX, 73
problema da origem e dos fins e – XV, 126

Prática espírita
  purificação dos pensamentos,
    prece, fé e – VII, 61

Prece
  afastamento dos Espíritos do
    abismo e – VII, 60
  benefícios da – III, 33
  conceito de – III, 32
  Deus e – III, 34
  Espiritismo e – III, 32
  expressão mais potente da comunhão
    universal e – VIII, 65
  frequência, sinceridade e – III, 33
  grito de apelo à alma indecisa e
    flutuante e – XV, 141
  homem de bem e – III, 33
  irradiação da alma e – III, 32
  limites da ação da – III, 33
  papel da – III, 33
  poder dinâmico e magnético
    da – VII, 60, nota
  religião e transformação da – III, 32
  trabalho e – III, 33
  vibrações do pensamento e – III, 32

Precursor
  Allan Kardec e – XVI, 150
  Camille Flammarion e – XVI, 150
  Friedrich Myers e – XVI, 150
  Jean Reynaud e – XVI, 150
  Oliver Lodge e – XVI, 150
  Victor Hugo e – XVI, 150
  William Crookes e – XVI, 150

Princípio espiritual
  homem e – III, 27

Princípios matemáticos da
  filosofia natural, livro
  Newton e – n. c., 155

Problema do ser, do destino e da dor,
  O, livro Léon Denis e – VI, 51,
  nota; IX, 74, nota; XIV, 119, nota

Problema psicológico
  explicação e – II, 23

Prócion, estrela
  dimensão e – n.c., 161

Progresso
  alma e – III, 31
  Druísmo e ideia do – XI, 90
  equilíbrio dos sentimentos
    opostos e – XIV, 117

Provação
  causa da – III, 29; IX, 77

R

Raça humana
  fraternidade, solidariedade e – III, 28

Radioatividade
  desagregação dos corpos e – II, 24

Rádium
  William Crookes e dissociação de
    um grama de – II, 22, nota

Raios Roentgen *ver* Raios X

Raios X
  dupla vista e – II, 24
  fotografia espírita e – II, 24
  propriedade e – II, 22
  Roentgen e – II, 22

Razão humana
  Razão divina e – VI, 54

Receptividade
  condição para posse do dom da – IV, 37

Reencarnação
  explicação para o mistério do ser e do seu
    destino e – XV, 126
  justificativa científica e – XV, 129
  lei circulatória da vida e do
    destino e – XV, 127
  princípio espiritualista e – XV, 126

Relatório do Congresso Espírita
  de Bruxelas (1910)
  críticos do Espiritismo, decadência para
    a humanidade e – VII, 60, nota

Religião
  abatimento da * Católica – XVI, 146
  aluimento da – XVI, 145
  explicação para a morte e – XV, 138

perda de prestígio e – n. c., 9
potência política e * Romana – XVI, 146
ruptura entre a * e a sociedade
    moderna – XVI, 146
transformação da prece e – III, 32

Remorso
    causa do – VI, 52

Renan, Ernest
    ideia de Deus e – VIII, 70
    livro sobre o futuro da ciência e – XVI, 146

Revelação nova *ver* Espiritismo

Revue du bien
    Bulliot, professor, e – n. c., 155

Revue Scientifique
    Gustave Le Bon e – II, 22,
    nota; II, 25, nota

Robinet, Dr.
    contradições e – VI, 50
    matéria, princípio universal e – VI, 50

Roentgen
    raios X e – II, 22

S

Sabedoria
    caminho da – III, 29
    prêmio da dor, * humana – XIV, 117

Sábio
    resignação e – VI, 52

Saturno
    Titã, satélite, e – IV, 39

Sentimento
    troca de eflúvios entre almas em
    afinidade de – II, 23

Silêncio
    aparência do – IV, 35
    Universo e – I, 13, nota

Simpatia
    segredo da ardente – II, 23

Sírius, estrela

dimensão e – n. c., 161

Sistema
    origem do – V, 48

Sistema nervoso
    complicação do * na escala
    dos seres – XI, 91

Sistema Solar
    analogia entre * e harpa imensa
    – IV, 35; IV, 36, nota
    explicação para os movimentos
    do – n. c., 157
    situação respectiva dos planetas e – IV, 37

Sociedade
    egoísmo, paixões más e * atual – VI, 52
    ideia de Deus e * moderna – VI, 53
    salvação da – VIII, 70
    ser humano, * e ideia de Deus – VI, 55

Sofrimento
    cético e sentimento da utilidade
    do – XIV, 118
    corretivo a nossos atos anteriores e – IX, 74
    impotência do homem diante
    do * moral – n. c., 8
    perturbação ante o * alheio – III, 31
    poderoso meio de educação para
    as almas e – IX, 74, nota
    reinado do – IX, 74
    utilidade do – III, 29; VI, 52

Sol
    Alcíone, estrela, e revolução do – n. c., 161
    consequências da extinção do
    * na Terra – IX, 77
    dimensão do – n. c., 161
    Terra e – XIV, 114, nota

Solidariedade
    almas evolvidas e sentimento de – III, 31
    comunhão universal e – III, 27
    fundamento da * das almas – III, 30
    motivo da * dos seres – VI, 53
    raça humana, fraternidade e – III, 28
    Universo e lei de – III, 29

Sonho
    Cícero e * de Cipião – IV, 36

Sono
    atividade das almas no – III, 31

Synthese chimique, La, livro
    Berthelot e – II, 22, nota

T

Telepatia
    princípio da – II, 23

Teologia
    criação da * e desaparecimento do
        senso esotérico – XV, 130

Terra
    campo de nossos labores e de nossos
        progressos e – XIV, 120
    consequências da extinção
        do Sol na – IX, 77
    despertamento da alma da – XIV, 120
    Espíritos levianos e motejadores e – VII, 59
    Espíritos perversos e malfazejos e – VII, 59
    floresta, adorno da – XI, 89
    refúgio contra as tristezas e as
        decepções da – VIII, 71
    vulcão, orifício respiratório da – XIII, 103

Trabalho
    prece e – III, 33
    problema do – XIV, 150

U

Universo
    afirmação da existência de uma
        causa eterna no – V, 46
    caminho ao conhecimento do – I, 19
    composição do – XIV, 114, nota
    condição para revelação do – V, 48
    desenvolvimento do destino e – IV, 42
    Deus, inteligência e – III, 32
    Espiritismo e causa inteligente no – V, 46
    estudo do – IV, 42
    expansão da ideia de Deus e
        estudo do – IV, 42
    hino da vida infinita e – IV, 36
    inteligência e – I, 14
    irradiações do pensamento – III, 32
    lei de solidariedade e – III, 29
    matéria e movimento e – I, 13
    Materialismo e visão do – I, 16
    pensamento e – n. c., 7
    poema sublime e – IV, 41
    princípio constitutivo do – II, 24
    projeção constante do Pensamento
        divino no – I, 17
    revelação da ordem e da
        majestade do – VI, 51
    silêncio e – I, 13, nota
    tripla aparência do – II, 21
    unidade do – II, 21

V

Vacherot
    ideia de Deus e – VIII, 70

Vega, estrela
    dimensão e – n. c., 161

Velhice
    Cícero e tratado sobre – XV, 136
    começo de desmaterialização e – XV, 136
    considerações sobre – XV, 135-138
    fenômenos de expatriação
        passageira e – XV, 137
    prefácio da morte e – XV, 138

Verdade
    condição para a existência da – VI, 53
    condição para penetração da *
        na humanidade – III, 30
    grande livro do Infinito e – IV, 42
    vida imperecível da alma e – IV, 42

Vergonha
    causa de – VI, 52

Via Láctea
    luz e – XIV, 114, nota; XIV, 115

Vicissitude
    compreensão da * da viagem
        terrestre – XV, 130

Vico, Gianbattista
    corso, ricorso e – XV, 125

Vida(s)
    ação do mar sobre a * psíquica – XII, 95
    analogias entre a * e a morte – XV, 140

arte da – XV, 134
comunhão universal e – III, 32
concepção da * invisível – II, 23
constituição da * universal – I, 16
Cristianismo monacal e falseamento da noção da * e da educação – XV, 132
desenvolvimento, transformação e aperfeiçoamento da – VI, 51
estudo das diversas fases da * humana – XV, 131
explicação para a ascensão da – VI, 51
fim supremo da – IX, 77
finalidade da – VI, 51
formas graduadas da matéria e da * e éter – VI, 50
gênese da * humana – XV, 127
homem, fonte, causa e lei da – V, 47
laços estreitos entre matéria, pensamento e – I, 14
lembrança de * passada – XIII, 112
mar, primeira manifestação da – XII, 96
origem de nossa – XV, 128
percepção da * espiritual – I, 19
perda da lembrança das * anteriores e – XV, 127
produção da * pela morte – XII, 97
reencarnação e lei circulatória da * e do destino – XV, 127
segredo da * superior – IV, 37
solução do problema da * e da morte – XVI, 150

Vida terrestre
escola primária da eternidade e – III, 29

Voltaire
ateísmo, fanatismo e – VII, 63

Vontade
ação da * na emissão de eflúvios humanos – II, 23
ação da * sobre os eflúvios e as irradiações – II, 25, nota
transmissão das volições da – II, 23

Vulcão
orifício respiratório da Terra e – XIII, 103

W

Walkei
Canopo, centro de nosso Universo, e – n. c., 161
membro da Sociedade Real Astronômica de Londres e – n. c., 161

Wordsworth
mediador plástico e – XV, 128

FEB editora
Livro espírita para um novo mundo
www.febeditora.com.br
@febeditoraoficial
@febeditora

Conselho Editorial:
Carlos Roberto Campetti
Cirne Ferreira de Araújo
Evandro Noleto Bezerra
Geraldo Campetti Sobrinho – Coord. Editorial
Jorge Godinho Barreto Nery – Presidente
Maria de Lourdes Pereira de Oliveira
Miriam Lúcia Herrera Masotti Dusi

Produção Editorial:
Elizabete de Jesus Moreira

Revisão:
Anna Cristina de Araújo Rodrigues
Jorge Leite

Capa:
Ingrid Saori Furuta

Projeto gráfico:
Eward Siqueira Bonasser Júnior

Diagramação:
Rones José Silvano de Lima – instagram.com/bookebooks_designer

Normalização Técnica:
Biblioteca de Obras Raras e Documentos Patrimoniais do Livro

Esta edição foi impressa pela Editora Vozes Ltda., Petrópolis, RJ, com tiragem de 1 mil exemplares, todos em formato fechado de 155x230 mm e com mancha de 116,5x180 mm. Os papéis utilizados foram Off white slim 65 g/m² para o miolo e o Cartão 250 g/m² para a capa. O texto principal foi composto em fonte Minion Pro 11,5/15,2 e os títulos em FilosofiaGrandCaps 24/25. Impresso no Brasil. *Presita en Brazilo.*